Índice

Capítulo 6: Email Marketing

- Importancia del email marketing
- Creación de listas de correo efectivas
- Automatización y personalización de correos
- Análisis de campañas de email marketing

Capítulo 7: E-commerce y Estrategias de Venta Online

- Creación y gestión de tiendas en línea
- Optimización de la experiencia del usuario (UX)
- Estrategias de conversión
- Logística y gestión de pedidos

Capítulo 8: Marketing de Afiliación

- Qué es el marketing de afiliación
- Cómo elegir programas de afiliados
- Estrategias para maximizar ingresos
- Casos de estudio

Capítulo 9: Análisis y Medición de Resultados

- Importancia de medir el rendimiento
- Principales KPIs (Key Performance Indicators)
- Uso de herramientas de análisis
- Ajuste y mejora continua de estrategias

Capítulo 10: Tendencias Futuras en el Marketing Digital

- Inteligencia artificial y automatización
- Marketing basado en datos (Data-Driven Marketing)
- Realidad aumentada y virtual
- Casos de estudio y predicciones

Capítulo 11: Marketing Móvil

- Importancia del marketing móvil
- Estrategias para aplicaciones móviles
- Optimización para dispositivos móviles
- Casos de estudio

Capítulo 12: Video Marketing

- El auge del video en marketing
- Plataformas populares (YouTube, TikTok, Instagram)

- Estrategias para expandirse a mercados internacionales
- Consideraciones culturales y legales
- Localización de contenido y campañas
- Casos de estudio exitosos

Capítulo 20: Marketing para Startups

- Desafíos específicos del marketing para startups
- Estrategias efectivas con presupuestos limitados
- Creación de una presencia de marca sólida desde el inicio
- Historias de éxito de startups

Capítulo 21: Marketing B2B (Business to Business)

- Diferencias entre marketing B2B y B2C
- Estrategias efectivas para el marketing B2B
- Generación de leads y nurturing
- Casos de estudio

Capítulo 22: Marketing Basado en Datos

- Importancia del análisis de datos en el marketing
- Herramientas y técnicas para el análisis de datos
- Toma de decisiones basada en datos
- Casos de estudio y aplicaciones prácticas

Conclusión

- Resumen de puntos clave
- Consejos finales
- Llamada a la acción (CTA) para el lector

Recursos Adicionales

- Lecturas recomendadas
- Herramientas y recursos útiles
- Plantillas y guías prácticas

INTRODUCCIÓN

El marketing digital ha revolucionado la forma en que las empresas se conectan con sus clientes y promocionan sus productos y servicios. En la economía globalizada y digitalizada de hoy, una estrategia de marketing digital efectiva es crucial para el éxito empresarial. Este ebook está diseñado para proporcionar una guía completa y detallada sobre las estrategias y técnicas más avanzadas de marketing digital. A lo largo de los capítulos, exploraremos diversos aspectos del marketing digital, desde la creación de contenido y la automatización del marketing, hasta el marketing de influencers y la expansión internacional.

Importancia del Marketing Digital en la Economía Actual

El marketing digital se ha convertido en un componente esencial de las estrategias empresariales en la economía actual. Su importancia radica en varias razones clave:

Alcance Global y Accesibilidad El marketing digital permite a las empresas llegar a una audiencia global de manera rápida y eficiente. A diferencia del marketing tradicional, las campañas digitales pueden lanzarse y ajustarse en tiempo real, ofreciendo un alcance sin precedentes a empresas de todos los tamaños.

Coste-efectividad Las estrategias de marketing digital son generalmente más rentables que las técnicas tradicionales. Las plataformas digitales permiten a las empresas alcanzar a su audiencia objetivo con precisión, reduciendo el desperdicio de recursos y aumentando el retorno de inversión.

Medición y Análisis en Tiempo Real Una de las mayores ventajas del marketing digital es la capacidad de medir y analizar el rendimiento de las campañas en tiempo real. Esto permite a las empresas realizar ajustes inmediatos y optimizar sus estrategias para mejorar los resultados.

Interacción y Engagement El marketing digital facilita la interacción directa con los clientes a través de redes sociales, correos electrónicos y otras plataformas. Esta interacción no solo fortalece la relación con el cliente, sino que también proporciona valiosos insights sobre sus preferencias y comportamientos.

Personalización Las herramientas de marketing digital permiten la personalización masiva de mensajes y ofertas. Utilizando datos y analíticas, las empresas pueden crear experiencias personalizadas que resuenen con cada segmento de su audiencia, mejorando la satisfacción y la lealtad del cliente.

Adaptabilidad y Flexibilidad El marketing digital es altamente adaptable y flexible. Las empresas pueden probar diferentes estrategias, mensajes y creatividades para ver cuál funciona mejor, y ajustar sus campañas en consecuencia. Esta capacidad de adaptación es crucial en un entorno empresarial que cambia rápidamente.

Objetivos del Ebook

Este ebook está diseñado para cumplir varios objetivos clave que ayudarán a los profesionales del marketing, emprendedores y propietarios de pequeñas empresas a mejorar sus estrategias de marketing digital:

1. **Proveer una Guía Completa y Detallada**
   - Ofrecer una comprensión profunda de los fundamentos y las técnicas avanzadas del

marketing digital.

- Proporcionar ejemplos prácticos y casos de estudio para ilustrar la aplicación de las estrategias discutidas.

2. **Facilitar la Implementación de Estrategias Efectivas**
   - Ayudar a los lectores a desarrollar e implementar estrategias de marketing digital que sean efectivas y rentables.
   - Incluir plantillas y guías prácticas para apoyar la planificación y ejecución de campañas de marketing.

3. **Mejorar la Capacidad de Medición y Optimización**
   - Enseñar a los lectores cómo medir y analizar el rendimiento de sus campañas de marketing digital.
   - Proporcionar herramientas y técnicas para optimizar continuamente las estrategias de marketing basadas en datos.

4. **Fomentar la Innovación y Creatividad**
   - Inspirar a los lectores a explorar nuevas ideas y enfoques en el marketing digital.
   - Animar a la experimentación y la adopción de tecnologías emergentes para mantenerse a la vanguardia.

5. **Aumentar la Satisfacción y Fidelización del Cliente**
   - Ofrecer estrategias para mejorar la experiencia del cliente y aumentar su lealtad.
   - Proporcionar consejos sobre cómo personalizar las interacciones y construir relaciones duraderas con los clientes.

6. **Preparar para el Futuro del Marketing Digital**
   - Informar a los lectores sobre las tendencias emergentes y las mejores prácticas en el marketing digital.
   - Preparar a los profesionales del marketing para adaptarse y prosperar en un entorno

empresarial en constante evolución.

En resumen, este ebook pretende ser una fuente valiosa de conocimiento y recursos para cualquier persona interesada en mejorar sus habilidades y estrategias de marketing digital. Al aplicar los principios y técnicas discutidos, los lectores estarán mejor preparados para enfrentar los desafíos del marketing digital y aprovechar las oportunidades que ofrece la economía actual.

CAPÍTULO 1: FUNDAMENTOS DEL MARKETING DIGITAL

Definición y alcance del marketing digital

El marketing digital se refiere a todas aquellas acciones y estrategias publicitarias o comerciales que se ejecutan en los medios y canales de internet. Este tipo de marketing abarca una amplia gama de actividades diseñadas para atraer a los consumidores a través de la web y las plataformas digitales. Desde el uso de sitios web y redes sociales hasta la publicidad en motores de búsqueda y el email marketing, el marketing digital ofrece innumerables oportunidades para alcanzar a un público global.

Historia y evolución

El marketing digital ha evolucionado rápidamente desde sus humildes comienzos en los primeros días de la internet. En los años 90, la web era una herramienta nueva y emocionante, y las empresas comenzaban a explorar formas de aprovechar este nuevo medio. Con la creación de los primeros sitios web y el inicio del comercio electrónico, surgieron las primeras formas de marketing digital, como los banners publicitarios y los correos electrónicos promocionales.

A medida que la tecnología avanzaba, también lo hacían las estrategias de marketing digital. La llegada de los motores de búsqueda como Google en 1998 y las redes sociales como Facebook en 2004 revolucionaron la manera en que las empresas podían interactuar con sus clientes. Hoy en día, el marketing digital es una disciplina compleja y en constante cambio que abarca una variedad de técnicas y herramientas diseñadas para llegar a los consumidores de manera efectiva.

Principales canales de marketing digital

SEO (Search Engine Optimization): El SEO es una estrategia que se enfoca en optimizar el contenido de un sitio web para mejorar su posición en los resultados de búsqueda de motores como Google. Un buen SEO puede atraer tráfico orgánico, lo que significa visitantes gratuitos que buscan activamente los productos o servicios que ofrece tu negocio.

SEM (Search Engine Marketing): A diferencia del SEO, el SEM involucra el pago por publicidad en los motores de búsqueda. Plataformas como Google Ads permiten a las empresas pujar por palabras clave específicas para que sus anuncios aparezcan en la parte superior de los resultados de búsqueda.

Redes sociales: Las plataformas de redes sociales como Facebook, Instagram, LinkedIn y Twitter son vitales para la promoción de productos y la interacción con los clientes. Cada plataforma tiene su propio conjunto de herramientas publicitarias que pueden ser utilizadas para alcanzar a un público específico.

Email marketing: El email marketing sigue siendo una de las formas más efectivas de llegar a los clientes. Permite a las empresas enviar mensajes personalizados directamente a los correos electrónicos de los consumidores, manteniéndolos informados sobre nuevos productos, ofertas especiales y otras novedades.

Marketing de contenidos: Esta estrategia se basa en la creación y distribución de contenido valioso y relevante para atraer y retener a una audiencia específica. El marketing de contenidos puede incluir blogs, videos, infografías, podcasts y más.

Publicidad digital: Además del SEM, existen otras formas de publicidad digital, como los anuncios display, la publicidad en redes sociales y el remarketing. Estas tácticas permiten a las empresas llegar a los consumidores en varios puntos de contacto en línea.

Marketing de afiliación: Esta es una estrategia en la que las empresas recompensan a los afiliados por cada cliente traído por sus propios esfuerzos de marketing. Es una forma efectiva de expandir el alcance sin un costo inicial significativo.

SEO (Search Engine Optimization)

El SEO (Search Engine Optimization) es el proceso de optimizar un sitio web para mejorar su visibilidad en los resultados de búsqueda orgánica de motores como Google. El objetivo es atraer más tráfico cualificado a tu sitio web aumentando su posicionamiento en los resultados de búsqueda.

Componentes clave del SEO:

- **Palabras clave**: Identificación y uso de términos de búsqueda relevantes.
- **Contenido de calidad**: Creación de contenido útil, informativo y atractivo.
- **Optimización técnica**: Mejora de la estructura del sitio web y su rendimiento técnico.
- **Backlinks**: Conseguir enlaces entrantes de alta calidad desde otros sitios web.

Optimización On-page y Off-page:

SEO On-page: Se refiere a las prácticas de optimización que se pueden implementar directamente en el sitio web. Algunos elementos clave incluyen:

- **Palabras clave**: Investigación y uso de palabras clave relevantes en el contenido, títulos, meta descripciones y encabezados.
- **Etiquetas de título y meta descripciones**: Creación de etiquetas de título y meta descripciones únicas y descriptivas para cada página.
- **Contenido de calidad**: Redacción de contenido original, valioso y relevante que responda a las necesidades y preguntas de los usuarios.
- **Optimización de imágenes**: Uso de etiquetas alt descriptivas y reducción del tamaño de las imágenes para mejorar la velocidad de carga.
- **Enlaces internos**: Creación de enlaces internos entre páginas del sitio para mejorar la navegación y la distribución del link juice.
- **URL amigables**: Uso de URLs claras y descriptivas que incluyan palabras clave relevantes.

SEO Off-page: Se refiere a las acciones que se realizan fuera del sitio web para mejorar su posición en los resultados de búsqueda. Los elementos clave incluyen:

- **Backlinks**: Conseguir enlaces de alta calidad desde otros sitios web relevantes y autoritativos.
- **Marketing de contenidos**: Publicar y promocionar contenido en otros sitios para generar tráfico y enlaces entrantes.
- **Redes sociales**: Utilizar las redes sociales para aumentar la visibilidad y atraer enlaces y tráfico.
- **Menciones de marca**: Fomentar menciones de tu marca en otros sitios web y blogs.

Publicidad en Línea (SEM)

El SEM (Search Engine Marketing) es una estrategia de marketing digital que utiliza publicidad pagada en motores de búsqueda para aumentar la visibilidad de un sitio web y atraer tráfico relevante. A diferencia del SEO, que se centra en la obtención de tráfico orgánico, el SEM implica el pago por clics (PPC) o impresiones.

Componentes clave del SEM:

- **Palabras clave**: Selección de términos de búsqueda relevantes para mostrar anuncios.
- **Anuncios pagados**: Creación de anuncios atractivos que aparezcan en los resultados de búsqueda.
- **Landing pages**: Páginas de destino optimizadas para convertir el tráfico en clientes potenciales o ventas.
- **Presupuesto y pujas**: Gestión del presupuesto y estrategias de pujas para maximizar el retorno de la inversión (ROI).

Google Ads y otras plataformas de publicidad:

Google Ads: La plataforma de publicidad de Google permite a los anunciantes pujar por palabras clave para mostrar sus anuncios en los resultados de búsqueda y en la red de Display de Google.

- **Campañas de búsqueda**: Anuncios que aparecen en los resultados de búsqueda de Google cuando los usuarios buscan términos específicos.
- **Campañas de Display**: Anuncios visuales que se muestran en sitios web asociados a la red de Display de Google.
- **Campañas de video**: Anuncios que se muestran en YouTube y en la red de video de Google.
- **Campañas de Shopping**: Anuncios que muestran productos específicos y sus precios en los resultados de búsqueda de Google.

Bing Ads: Similar a Google Ads, Bing Ads permite a los anunciantes mostrar anuncios en los resultados de búsqueda de Bing y sus socios.

Facebook Ads: Aunque no es un motor de búsqueda, Facebook ofrece una potente plataforma de publicidad que permite segmentar audiencias específicas basadas en datos demográficos, intereses y comportamientos.

Amazon Advertising: Para empresas de comercio electrónico, Amazon Advertising ofrece oportunidades de publicidad dentro de la plataforma de Amazon, permitiendo a los vendedores promocionar sus productos directamente a los compradores.

Optimización de campañas de PPC (pago por clic):

Para maximizar el rendimiento de tus campañas de PPC, es esencial optimizarlas continuamente. A continuación, se presentan algunas estrategias clave para mejorar tus campañas de SEM.

Investigación de palabras clave: La base de cualquier campaña de SEM exitosa es una investigación exhaustiva de palabras clave. Utiliza herramientas como Google Keyword Planner, SEMrush y Ahrefs para identificar las palabras clave más relevantes y con mayor potencial de conversión.

- **Palabras clave de cola larga**: Estas son frases más largas y específicas que, aunque tienen menos volumen de búsqueda, generalmente tienen una intención de compra más alta y menos competencia.
- **Palabras clave negativas**: Identifica y excluye palabras clave que no sean relevantes para tu negocio para evitar gastar presupuesto en clics no cualificados.

Creación de anuncios efectivos: Los anuncios deben ser atractivos y relevantes para los usuarios que realizan búsquedas.

- **Títulos y descripciones**: Crea títulos y descripciones que capten la atención del usuario e incluyan las palabras clave objetivo.
- **Llamadas a la acción (CTA)**: Utiliza CTAs claras y persuasivas para incitar a los usuarios a hacer clic en

tus anuncios.

- **Extensiones de anuncio**: Aprovecha las extensiones de anuncio para proporcionar información adicional, como enlaces a páginas específicas, números de teléfono y ubicaciones.

Optimización de landing pages: Las páginas de destino deben estar optimizadas para convertir el tráfico en clientes potenciales o ventas.

- **Relevancia y consistencia**: Asegúrate de que la landing page sea relevante para el anuncio y las palabras clave utilizadas.
- **Diseño y usabilidad**: Diseña páginas de destino claras, atractivas y fáciles de navegar, con un enfoque en la conversión.
- **Velocidad de carga**: Mejora la velocidad de carga de las páginas de destino para reducir la tasa de rebote y mejorar la experiencia del usuario.

Gestión de presupuesto y pujas: Una gestión efectiva del presupuesto y las estrategias de pujas son cruciales para maximizar el ROI.

- **Asignación de presupuesto**: Distribuye tu presupuesto entre diferentes campañas y palabras clave según su rendimiento y potencial de conversión.
- **Estrategias de pujas**: Utiliza estrategias de pujas automatizadas o manuales para optimizar el coste por clic (CPC) y maximizar las conversiones.
- **Pruebas y ajustes**: Realiza pruebas A/B para evaluar diferentes variaciones de anuncios, landing pages y estrategias de pujas, y ajusta según los resultados.

Medición y análisis de resultados:

Medir y analizar los resultados de tus campañas de SEM es esencial para entender su rendimiento y hacer ajustes informados. A continuación, se presentan algunas métricas clave y herramientas para el análisis de campañas de PPC.

Métricas clave:

- **CTR (Click-Through Rate)**: El porcentaje de usuarios que hacen clic en tu anuncio después de verlo. Un CTR alto indica que tu anuncio es relevante y atractivo.
- **CPC (Cost Per Click)**: El coste promedio que pagas por cada clic en tu anuncio. Controlar el CPC es importante para mantener tu campaña rentable.
- **CPA (Cost Per Acquisition)**: El coste promedio de adquirir un cliente o conversión. El CPA te ayuda a evaluar la eficiencia de tu campaña.
- **Tasa de conversión**: El porcentaje de visitantes que realizan la acción deseada (compra, registro, etc.) en tu landing page. Una alta tasa de conversión indica una página de destino efectiva.
- **ROAS (Return on Ad Spend)**: El retorno de inversión publicitaria. Calcula el ingreso generado por cada dólar gastado en publicidad.

Herramientas de análisis:

- **Google Analytics**: Integra Google Analytics con Google Ads para obtener una visión completa del rendimiento de tus campañas y el comportamiento de los usuarios en tu sitio web después de hacer clic en tus correos electrónicos.
- **Google Ads**: Utiliza los informes y paneles de control de Google Ads para monitorizar el rendimiento de tus campañas en tiempo real.
- **SEMrush**: Esta herramienta ofrece análisis detallados de PPC, incluyendo la investigación de palabras clave, la competencia y el rendimiento de anuncios.
- **Ahrefs**: Proporciona datos sobre las palabras clave de pago y las estrategias de PPC de tus competidores, lo que te ayuda a identificar oportunidades y optimizar

tus campañas.

Redes Sociales y Marketing de Contenidos

Las redes sociales se han convertido en una parte integral del marketing digital debido a su capacidad para conectar a las marcas con millones de usuarios en todo el mundo. Estas plataformas ofrecen una manera efectiva de interactuar con los clientes, construir una comunidad y aumentar la visibilidad de la marca.

Ventajas de usar redes sociales en marketing digital:

- **Alcance global**: Las redes sociales permiten llegar a una audiencia global sin las limitaciones geográficas.
- **Interacción en tiempo real**: Las marcas pueden interactuar directamente con los usuarios, responder a sus preguntas y recibir retroalimentación instantánea.
- **Segmentación precisa**: Las plataformas sociales ofrecen opciones avanzadas de segmentación que permiten a las empresas dirigirse a audiencias específicas basadas en demografía, intereses y comportamientos.
- **Generación de leads y ventas**: Las campañas en redes sociales pueden ser diseñadas para captar leads y aumentar las conversiones.
- **Construcción de marca**: Las redes sociales ayudan a construir y mantener una identidad de marca consistente y reconocible.

Estrategias efectivas para cada plataforma:

Facebook:

- **Contenido variado**: Publica una mezcla de contenido, incluyendo imágenes, videos, enlaces y actualizaciones de texto.
- **Anuncios dirigidos**: Utiliza Facebook Ads para crear

anuncios altamente segmentados basados en intereses, comportamientos y datos demográficos.

- **Grupos de Facebook**: Crea y gestiona grupos para construir comunidades alrededor de tu marca y fomentar la interacción.
- **Facebook Live**: Utiliza transmisiones en vivo para interactuar con tu audiencia en tiempo real y aumentar el engagement.

Instagram:

- **Visuales atractivos**: Enfócate en contenido visual de alta calidad, incluyendo fotos, videos y Stories.
- **Uso de hashtags**: Utiliza hashtags relevantes para aumentar la visibilidad de tus publicaciones y llegar a nuevas audiencias.
- **Colaboraciones con influencers**: Colabora con influencers relevantes para aumentar el alcance y la credibilidad de tu marca.
- **IGTV y Reels**: Aprovecha IGTV y Reels para compartir contenido de video más largo y dinámico.

LinkedIn:

- **Contenido profesional**: Publica contenido relevante para profesionales y empresas, como artículos, estudios de caso y actualizaciones de la industria.
- **LinkedIn Ads**: Utiliza LinkedIn Ads para llegar a profesionales y empresas específicas con anuncios segmentados.
- **Participación en grupos**: Únete y participa en grupos de LinkedIn para establecerte como un experto en tu campo y conectar con otros profesionales.
- **Publicaciones de liderazgo de pensamiento**: Comparte contenido original que demuestre tu experiencia y conocimiento en tu industria.

Twitter:

- **Contenido breve y conciso**: Publica actualizaciones rápidas y concisas que capturen la atención de los usuarios.

- **Uso de hashtags**: Utiliza hashtags para unirte a conversaciones relevantes y aumentar la visibilidad de tus tweets.
- **Twitter Ads**: Crea campañas de Twitter Ads para aumentar el alcance de tus tweets y atraer más seguidores.
- **Interacción en tiempo real**: Responde a menciones, retweets y mensajes directos para mantener una comunicación activa con tu audiencia.

YouTube:

- **Contenido de video de calidad**: Publica videos de alta calidad que sean informativos, entretenidos y relevantes para tu audiencia.
- **SEO para YouTube**: Optimiza tus títulos, descripciones y etiquetas de video para mejorar el posicionamiento en los resultados de búsqueda de YouTube.
- **YouTube Ads**: Utiliza YouTube Ads para promocionar tus videos y alcanzar a una audiencia más amplia.
- **Colaboraciones y patrocinios**: Colabora con otros creadores de contenido y marcas para aumentar tu visibilidad y credibilidad.

Creación y gestión de contenido atractivo:

El marketing de contenidos se basa en la creación y distribución de contenido valioso y relevante para atraer y retener a una audiencia definida. A continuación, se presentan algunas estrategias clave para la creación y gestión de contenido atractivo.

Conocimiento del público objetivo: Comprender a tu audiencia es esencial para crear contenido que resuene con ellos. Utiliza encuestas, análisis de datos y feedback de los clientes para identificar sus intereses, necesidades y problemas.

Calendario de contenidos: Desarrolla un calendario de contenidos para planificar y organizar tus publicaciones. Esto te ayudará a mantener una consistencia en la publicación y asegurar que estás abordando una variedad de temas.

Diversificación del contenido: Publica diferentes tipos de contenido para mantener a tu audiencia interesada y comprometida. Esto puede incluir blogs, infografías, videos, podcasts, ebooks, estudios de caso y más.

Optimización para SEO: Asegúrate de que tu contenido esté optimizado para motores de búsqueda utilizando palabras clave relevantes, títulos atractivos, meta descripciones y enlaces internos.

Storytelling: Utiliza el storytelling para hacer que tu contenido sea más atractivo y memorable. Comparte historias que conecten emocionalmente con tu audiencia y que reflejen los valores y la misión de tu marca.

Interacción y participación: Fomenta la interacción con tu contenido mediante preguntas, encuestas y llamados a la acción. Responde a los comentarios y comparte contenido generado por los usuarios para aumentar el engagement.

Marketing de influencers:

El marketing de influencers implica colaborar con personas influyentes en tu industria para promocionar tu marca y productos. Los influencers pueden ayudar a aumentar la visibilidad de tu marca, llegar a nuevas audiencias y mejorar la credibilidad.

Identificación de influencers: Encuentra influencers que sean relevantes para tu industria y que tengan una audiencia alineada con tu público objetivo. Puedes utilizar herramientas como BuzzSumo, HypeAuditor y Traackr para identificar influencers potenciales.

Tipos de influencers:

- **Mega-influencers**: Celebridades y personas con una gran cantidad de seguidores (más de 1 millón). Tienen un alcance amplio pero pueden ser costosos.
- **Macro-influencers**: Personas con una audiencia considerable (100k-1M seguidores). Son más accesibles que los mega-influencers y aún tienen un buen alcance.

- **Micro-influencers**: Personas con una audiencia más pequeña (10k-100k seguidores) pero muy comprometida. Son ideales para nichos específicos y suelen tener tasas de engagement más altas.
- **Nano-influencers**: Personas con menos de 10k seguidores. Tienen una audiencia muy leal y pueden ser efectivos para campañas locales o muy específicas.

Colaboraciones y campañas: Trabaja con influencers para desarrollar campañas que sean auténticas y alineadas con tu marca. Esto puede incluir publicaciones patrocinadas, reseñas de productos, sorteos y colaboraciones en contenido.

Medición de resultados: Evalúa el éxito de tus campañas de marketing de influencers utilizando métricas como el alcance, la tasa de engagement, el tráfico web generado y las conversiones. Ajusta tus estrategias basándote en estos resultados para mejorar futuras colaboraciones.

Conclusión capítulo

El marketing digital es una disciplina multifacética que abarca una amplia gama de técnicas y estrategias diseñadas para alcanzar a los consumidores en línea. Al comprender los fundamentos del marketing digital y aplicar tácticas efectivas de SEO, SEM, redes sociales, email marketing, marketing de contenidos y marketing de afiliación, las empresas pueden aumentar su visibilidad, atraer tráfico cualificado y mejorar sus resultados. La clave para el éxito en el marketing digital es mantenerse actualizado con las últimas tendencias y adaptarse continuamente a los cambios en el mercado y en la tecnología.

CAPÍTULO 2: INVESTIGACIÓN Y ANÁLISIS DEL MERCADO

La investigación y el análisis del mercado son componentes esenciales para el éxito de cualquier estrategia de marketing. Estos procesos permiten a las empresas entender mejor su entorno, identificar oportunidades y amenazas, y tomar decisiones informadas que impulsan el crecimiento. En este capítulo, exploraremos cómo identificar el público objetivo, analizar la competencia y utilizar herramientas de análisis como Google Analytics y SEMrush para obtener insights valiosos.

Identificación del Público Objetivo

La identificación del público objetivo es el primer paso para desarrollar una estrategia de marketing efectiva. Conocer a quién te diriges te permite personalizar tus mensajes y ofrecer productos y servicios que realmente satisfacen las necesidades de tus clientes.

Definición Del Público Objetivo

El público objetivo es el grupo específico de personas a las que tu empresa dirige sus productos o servicios. Este grupo se define por varias características demográficas, psicográficas y comportamentales.

- **Demográficas**: Edad, género, ingreso, nivel educativo, ocupación.
- **Psicográficas**: Personalidad, valores, intereses, estilo de vida.
- **Comportamentales**: Patrones de compra, lealtad a la marca, uso del producto.

Pasos Para Identificar El Público Objetivo

1. **Revisión de Datos Existentes**: Analiza los datos de tus clientes actuales para identificar patrones y tendencias comunes.
2. **Segmentación del Mercado**: Divide tu mercado en segmentos más pequeños basados en características demográficas, psicográficas y comportamentales.
3. **Creación de Buyer Personas**: Desarrolla perfiles detallados de tus clientes ideales, llamados buyer personas, que representen a cada segmento de tu público objetivo.
4. **Investigación de Mercado**: Realiza encuestas, entrevistas y grupos focales para obtener información directa de los consumidores.
5. **Análisis de Competencia**: Observa a tus competidores y a quiénes están dirigidos sus productos y servicios.

Ejemplo De Identificación Del Público Objetivo

Imagina que tienes una empresa de ropa deportiva. A través del análisis de tus datos de clientes, identificas que tus compradores principales son hombres y mujeres de entre 25 y 40 años, con ingresos medios a altos, que viven en áreas urbanas y tienen un estilo de vida activo. Basándote en esta información, puedes desarrollar campañas de marketing dirigidas específicamente a este grupo demográfico.

Análisis de la Competencia

El análisis de la competencia es fundamental para entender el mercado en el que operas. Te permite identificar las fortalezas y debilidades de tus competidores, así como las oportunidades y amenazas en el mercado.

Pasos para Realizar un Análisis de la Competencia

1. **Identificación de Competidores**: Enumera a tus competidores directos e indirectos. Los competidores directos son aquellos que ofrecen productos o servicios similares al mismo público objetivo. Los competidores indirectos ofrecen productos que pueden satisfacer las mismas necesidades, pero de una manera diferente.
2. **Recolección de Información**: Investiga a tus competidores utilizando diversas fuentes de información, como sus sitios web, redes sociales, informes anuales y noticias del sector.
3. **Análisis de SWOT**: Realiza un análisis de SWOT (Fortalezas, Debilidades, Oportunidades y Amenazas) para cada competidor.
   - **Fortalezas**: ¿Qué hacen bien tus competidores? ¿Qué ventajas tienen sobre ti?
   - **Debilidades**: ¿En qué áreas están fallando? ¿Qué puedes hacer mejor que ellos?
   - **Oportunidades**: ¿Qué oportunidades puedes aprovechar que tus competidores no están abordando?
   - **Amenazas**: ¿Qué amenazas representan tus

competidores para tu negocio?

4. **Comparación de Estrategias**: Compara las estrategias de marketing, precios, productos y servicios de tus competidores con las tuyas.

5. **Monitoreo Continuo**: Mantente actualizado sobre las actividades de tus competidores para ajustar tu estrategia según sea necesario.

Herramientas para el Análisis de la Competencia

- **SEMrush**: Una herramienta integral para el análisis de la competencia que proporciona datos sobre el tráfico web, las estrategias de SEO y PPC, y las menciones en redes sociales.
- **SimilarWeb**: Proporciona información sobre el tráfico del sitio web de tus competidores, las fuentes de tráfico y el comportamiento del usuario.
- **Ahrefs**: Ofrece datos sobre los backlinks de tus competidores, las palabras clave orgánicas y el contenido popular.

Uso de Herramientas de Análisis

Las herramientas de análisis proporcionan datos esenciales para comprender el comportamiento de tu público objetivo y evaluar el rendimiento de tus campañas de marketing. Aquí exploramos algunas de las herramientas más populares y cómo utilizarlas.

Google Analytics

Google Analytics es una herramienta gratuita que proporciona una amplia variedad de datos sobre el tráfico de tu sitio web y el comportamiento del usuario.

- **Configuración**: Asegúrate de que Google Analytics

esté configurado correctamente en tu sitio web para rastrear todos los datos relevantes.

- **Informes de Audiencia**: Conoce quiénes son tus visitantes, incluyendo datos demográficos, intereses y comportamiento.
- **Informes de Adquisición**: Descubre cómo los usuarios encuentran tu sitio web (búsqueda orgánica, redes sociales, referidos, tráfico directo).
- **Informes de Comportamiento**: Analiza cómo interactúan los usuarios con tu sitio web, qué páginas visitan y cuánto tiempo pasan en el sitio.
- **Informes de Conversión**: Rastrea los objetivos y conversiones en tu sitio web, como compras, registros o descargas.

SEMrush

SEMrush es una herramienta de pago que ofrece funciones avanzadas para el análisis de SEO, PPC y competencia.

- **Investigación de Palabras Clave**: Encuentra las palabras clave más relevantes para tu negocio y analiza el volumen de búsqueda y la dificultad.
- **Análisis de Backlinks**: Examina los enlaces entrantes a tu sitio web y los de tus competidores.
- **Auditoría del Sitio Web**: Realiza auditorías de SEO para identificar problemas técnicos y oportunidades de mejora.
- **Análisis de Tráfico**: Obtén datos detallados sobre el tráfico web, incluyendo las fuentes de tráfico, las páginas más visitadas y las métricas de compromiso.
- **Rastreo de Posiciones**: Monitorea las posiciones de tus palabras clave en los resultados de búsqueda y compara tu rendimiento con el de tus competidores.

Otras Herramientas de Análisis

- **Google Trends**: Analiza la popularidad de las búsquedas en Google a lo largo del tiempo y descubre tendencias emergentes.
- **Hotjar**: Proporciona mapas de calor y grabaciones de sesiones para entender cómo los usuarios interactúan con tu sitio web.
- **BuzzSumo**: Encuentra el contenido más compartido en redes sociales y analiza qué temas y formatos resuenan más con tu audiencia.

Conclusión capítulo

La investigación y el análisis del mercado son cruciales para cualquier estrategia de marketing exitosa. Al identificar tu público objetivo, analizar la competencia y utilizar herramientas de análisis efectivas, puedes obtener insights valiosos que te ayudarán a tomar decisiones informadas y a desarrollar estrategias de marketing más efectivas. Con estos conocimientos, estarás mejor preparado para competir en el mercado y alcanzar tus objetivos empresariales.

CAPÍTULO 3:
ESTRATEGIAS DE SEO

Fundamentos del SEO

E l SEO (Search Engine Optimization) es el proceso de optimizar un sitio web para mejorar su visibilidad en los resultados de búsqueda orgánica de motores como Google. El objetivo es atraer más tráfico cualificado a tu sitio web aumentando su posicionamiento en los resultados de búsqueda. Un buen posicionamiento en los motores de búsqueda no solo aumenta la visibilidad de tu marca, sino que también genera confianza entre los usuarios y puede incrementar significativamente las tasas de conversión.

Componentes clave del SEO:

- **Palabras clave**: Identificación y uso de términos de búsqueda relevantes.
- **Contenido de calidad**: Creación de contenido útil, informativo y atractivo.
- **Optimización técnica**: Mejora de la estructura del sitio web y su rendimiento técnico.
- **Backlinks**: Conseguir enlaces entrantes de alta calidad

desde otros sitios web.

Importancia del SEO: El SEO es fundamental para cualquier estrategia de marketing digital porque el tráfico orgánico es una de las fuentes más valiosas de visitantes. El tráfico orgánico tiende a ser más cualificado y a tener una mayor tasa de conversión que otras fuentes de tráfico, ya que los usuarios que llegan a tu sitio a través de una búsqueda están activamente buscando información, productos o servicios relacionados con tu negocio.

Optimización On-page y Off-page

El SEO se divide generalmente en dos categorías principales: SEO On-page y SEO Off-page.

SEO On-page: Se refiere a las prácticas de optimización que se pueden implementar directamente en el sitio web. Algunos elementos clave incluyen:

- **Palabras clave**: Investigación y uso de palabras clave relevantes en el contenido, títulos, meta descripciones y encabezados. La selección de palabras clave debe basarse en la relevancia, el volumen de búsqueda y la competencia.
- **Etiquetas de título y meta descripciones**: Creación de etiquetas de título y meta descripciones únicas y descriptivas para cada página. Estas etiquetas son importantes porque aparecen en los resultados de búsqueda y pueden influir en la decisión del usuario de hacer clic en tu enlace.
- **Contenido de calidad**: Redacción de contenido original, valioso y relevante que responda a las necesidades y preguntas de los usuarios. Google y otros motores de búsqueda premian el contenido que proporciona valor a los usuarios.
- **Optimización de imágenes**: Uso de etiquetas alt descriptivas y reducción del tamaño de las imágenes

para mejorar la velocidad de carga. Las imágenes optimizadas pueden mejorar la accesibilidad y el SEO.

- **Enlaces internos**: Creación de enlaces internos entre páginas del sitio para mejorar la navegación y la distribución del link juice. Los enlaces internos ayudan a los motores de búsqueda a entender la estructura de tu sitio y a determinar la relevancia de las páginas.
- **URL amigables**: Uso de URLs claras y descriptivas que incluyan palabras clave relevantes. Las URLs amigables son más fáciles de entender para los usuarios y los motores de búsqueda.

SEO Off-page: Se refiere a las acciones que se realizan fuera del sitio web para mejorar su posición en los resultados de búsqueda. Los elementos clave incluyen:

- **Backlinks**: Conseguir enlaces de alta calidad desde otros sitios web relevantes y autoritativos. Los backlinks son uno de los factores más importantes en el algoritmo de Google para determinar la autoridad de un sitio web.
- **Marketing de contenidos**: Publicar y promocionar contenido en otros sitios para generar tráfico y enlaces entrantes. El contenido de alta calidad puede atraer enlaces naturales de otros sitios.
- **Redes sociales**: Utilizar las redes sociales para aumentar la visibilidad y atraer enlaces y tráfico. Las señales sociales pueden no tener un impacto directo en el ranking, pero pueden influir en otros factores de SEO.
- **Menciones de marca**: Fomentar menciones de tu marca en otros sitios web y blogs. Las menciones de marca pueden ayudar a construir autoridad y credibilidad.

Técnicas avanzadas de SEO

Para llevar tu SEO al siguiente nivel, es importante implementar técnicas avanzadas que pueden proporcionar una ventaja competitiva significativa.

SEO técnico: Implica la optimización de la infraestructura técnica del sitio web para asegurar que los motores de búsqueda puedan rastrear e indexar el contenido de manera efectiva.

- **Velocidad de carga del sitio**: Mejorar el tiempo de carga de las páginas para ofrecer una mejor experiencia al usuario y cumplir con los requisitos de los motores de búsqueda. Herramientas como Google PageSpeed Insights pueden ayudar a identificar áreas de mejora.
- **Mobile-first**: Asegurarse de que el sitio web esté optimizado para dispositivos móviles, ya que Google prioriza los sitios móviles en sus resultados de búsqueda. Utiliza el Test de optimización para móviles de Google para verificar el rendimiento de tu sitio en dispositivos móviles.
- **SSL/HTTPS**: Implementar certificados SSL para asegurar que el sitio web sea seguro y confiable. Google da preferencia a los sitios HTTPS en sus rankings.
- **Sitemaps y archivos robots.txt**: Crear y mantener un sitemap XML actualizado y un archivo robots.txt adecuado para guiar a los motores de búsqueda en la indexación del sitio. Estos archivos ayudan a los motores de búsqueda a entender la estructura y las páginas importantes de tu sitio.

SEO local: Es crucial para negocios que operan en áreas geográficas específicas y desean atraer clientes locales.

- **Google My Business**: Crear y optimizar un perfil de Google My Business con información precisa y actualizada. Los perfiles de Google My Business pueden aparecer en los resultados de búsqueda locales y en Google Maps.
- **Citas y directorios locales**: Asegurarse de que la información de la empresa sea consistente en todos los

directorios locales y sitios de citas. Las inconsistencias pueden afectar negativamente el SEO local.
- **Reseñas y valoraciones**: Fomentar y gestionar reseñas positivas de clientes en Google y otros sitios de reseñas. Las reseñas positivas pueden mejorar tu reputación y tu ranking en los resultados de búsqueda locales.

SEO para comercio electrónico: Optimización específica para tiendas en línea.
- **Optimización de productos**: Usar descripciones de productos ricas en palabras clave, títulos atractivos y etiquetas alt en las imágenes de productos. Las descripciones detalladas y únicas pueden mejorar la relevancia de tus páginas de productos.
- **Estructura del sitio**: Crear una estructura de sitio clara y fácil de navegar con categorías bien definidas y páginas de productos detalladas. Una buena estructura de sitio ayuda a los motores de búsqueda y a los usuarios a encontrar fácilmente lo que están buscando.
- **Opiniones de clientes**: Fomentar opiniones de clientes y mostrarlas en las páginas de productos para aumentar la credibilidad y el SEO. Las opiniones de los clientes pueden proporcionar contenido adicional y relevante.

Herramientas de SEO esenciales

Para implementar y gestionar efectivamente tu estrategia de SEO, es crucial utilizar herramientas que te ayuden a analizar, optimizar y monitorear tu sitio web.
Google Search Console: Esta herramienta gratuita de Google permite a los webmasters monitorear y mantener la presencia de su sitio en los resultados de búsqueda de Google.
- **Rendimiento**: Analiza el rendimiento de tu sitio en los resultados de búsqueda de Google, incluyendo clics,

impresiones y posición media.

- **Cobertura**: Verifica la cobertura de indexación de tu sitio y resuelve problemas de rastreo e indexación.
- **Enlaces**: Consulta los enlaces internos y externos que apuntan a tu sitio.

Google Analytics: Proporciona una visión detallada del tráfico de tu sitio web y el comportamiento de los usuarios.

- **Adquisición**: Identifica las fuentes de tráfico y las campañas que generan el mayor tráfico.
- **Comportamiento**: Analiza el comportamiento de los usuarios en tu sitio, incluyendo las páginas más visitadas y las rutas de navegación.
- **Conversiones**: Mide el rendimiento de tus objetivos y conversiones.

SEMrush: Una herramienta integral para el análisis de SEO y SEM.

- **Investigación de palabras clave**: Encuentra y analiza palabras clave relevantes para tu negocio.
- **Análisis de competencia**: Evalúa las estrategias de SEO y SEM de tus competidores.
- **Auditoría del sitio**: Identifica problemas técnicos y de SEO en tu sitio y recibe recomendaciones para solucionarlos.

Ahrefs: Una herramienta poderosa para el análisis de backlinks y la investigación de palabras clave.

- **Explorador de sitios**: Analiza cualquier sitio web para ver su tráfico orgánico, perfiles de backlinks y rendimiento de palabras clave.
- **Explorador de contenido**: Encuentra los contenidos más populares en tu nicho y analiza qué los hace exitosos.
- **Auditoría del sitio**: Identifica problemas de SEO en tu sitio web y recibe recomendaciones para mejorarlo.

Moz: Ofrece una variedad de herramientas de SEO, incluyendo análisis de palabras clave, auditoría del sitio y seguimiento de rankings.

- **Explorador de palabras clave**: Encuentra palabras clave relevantes y analiza su dificultad y volumen de búsqueda.
- **Auditoría del sitio**: Identifica y soluciona problemas técnicos de SEO en tu sitio.
- **Seguimiento de rankings**: Monitorea la posición de tus palabras clave en los resultados de búsqueda.

Estudios de caso exitosos

Analizar casos de estudio exitosos puede proporcionar una visión valiosa sobre cómo aplicar las mejores prácticas de SEO. A continuación, se presentan algunos ejemplos de empresas que han logrado resultados impresionantes mediante la implementación efectiva de estrategias de SEO.

Caso de estudio 1: Shopify

Shopify, una plataforma de comercio electrónico, ha logrado un crecimiento significativo en su tráfico orgánico mediante una combinación de SEO técnico y marketing de contenidos. La empresa invirtió en mejorar la velocidad de carga de su sitio, optimizar su estructura de URLs y crear contenido útil para los comerciantes en línea. Como resultado, Shopify vio un aumento notable en su tráfico orgánico y una mejora en las posiciones de búsqueda.

Caso de estudio 2: Airbnb

Airbnb ha utilizado el SEO local para captar a usuarios en diferentes mercados globales. Al crear páginas locales específicas para cada ciudad y optimizar su contenido para búsquedas locales, Airbnb ha mejorado su visibilidad en los resultados de búsqueda y ha atraído a un gran número de usuarios interesados en alquilar propiedades en su área. Además, Airbnb ha implementado una estrategia de backlinks robusta al obtener enlaces de alta calidad de sitios relevantes.

Caso de estudio 3: Neil Patel

Neil Patel, un reconocido experto en marketing digital, ha aplicado técnicas avanzadas de SEO para aumentar su tráfico web. A través de la creación de contenido detallado y educativo, la obtención de backlinks de alta calidad y la optimización técnica de su sitio web, ha logrado establecerse como una autoridad en el campo del marketing digital. Su enfoque en la investigación de palabras clave y la optimización continua ha llevado a un aumento significativo en el tráfico y la conversión.

Caso de estudio 4: The Wirecutter

The Wirecutter, un sitio de reseñas de productos adquirido por The New York Times, ha utilizado una combinación de SEO y marketing de contenidos para posicionarse como una autoridad en recomendaciones de productos. Su estrategia se centra en la creación de contenido extenso y detallado que responde a las preguntas de los usuarios y proporciona valor. Además, The Wirecutter ha trabajado en la construcción de una red sólida de backlinks desde sitios relevantes y de alta autoridad.

Conclusión capítulo

El SEO es una disciplina esencial para cualquier negocio que quiera mejorar su visibilidad en línea y atraer tráfico cualificado. Al comprender y aplicar los fundamentos del SEO, así como las técnicas avanzadas, puedes posicionar tu sitio web en los primeros resultados de búsqueda y obtener una ventaja competitiva significativa. La optimización continua y la adaptación a las últimas tendencias y algoritmos de los motores de búsqueda son clave para mantener y mejorar tu posicionamiento en el tiempo. Los estudios de caso presentados demuestran cómo las estrategias efectivas de SEO pueden llevar a un éxito sustancial en el tráfico web y la conversión.

En conclusión, el SEO no es una tarea de una sola vez, sino un esfuerzo continuo que requiere atención y ajustes constantes. Mantente al tanto de las actualizaciones de los algoritmos de los motores de búsqueda y adapta tu estrategia según sea necesario para asegurarte de que tu sitio web sigue siendo relevante y competitivo. Con las herramientas adecuadas y una estrategia bien planificada, puedes maximizar los beneficios del SEO y llevar tu negocio al siguiente nivel.

CAPÍTULO 4: PUBLICIDAD EN LÍNEA (SEM)

Fundamentos del SEM

El SEM (Search Engine Marketing) es una estrategia de marketing digital que utiliza publicidad pagada en motores de búsqueda para aumentar la visibilidad de un sitio web y atraer tráfico relevante. A diferencia del SEO, que se centra en la obtención de tráfico orgánico, el SEM implica el pago por clics (PPC) o impresiones. El SEM permite a las empresas aparecer en los resultados de búsqueda cuando los usuarios buscan términos específicos relacionados con sus productos o servicios.

Componentes clave del SEM:

- **Palabras clave**: Selección de términos de búsqueda relevantes para mostrar anuncios.
- **Anuncios pagados**: Creación de anuncios atractivos que aparezcan en los resultados de búsqueda.
- **Landing pages**: Páginas de destino optimizadas para

convertir el tráfico en clientes potenciales o ventas.
- **Presupuesto y pujas**: Gestión del presupuesto y estrategias de pujas para maximizar el retorno de la inversión (ROI).

Importancia del SEM: El SEM es fundamental para empresas que buscan resultados rápidos y medibles. A diferencia del SEO, que puede llevar tiempo para mostrar resultados, el SEM puede generar tráfico casi instantáneamente una vez que los anuncios están activos. Además, el SEM ofrece una gran cantidad de datos y métricas que permiten a las empresas ajustar sus campañas en tiempo real para mejorar su efectividad.

Plataformas de Publicidad en Motores de Búsqueda

Las principales plataformas de publicidad en motores de búsqueda incluyen Google Ads y Bing Ads, cada una con sus propias características y ventajas.
Google Ads: La plataforma de publicidad de Google permite a los anunciantes pujar por palabras clave para mostrar sus anuncios en los resultados de búsqueda y en la red de Display de Google.
- **Campañas de búsqueda**: Anuncios que aparecen en los resultados de búsqueda de Google cuando los usuarios buscan términos específicos.
- **Campañas de Display**: Anuncios visuales que se muestran en sitios web asociados a la red de Display de Google.
- **Campañas de video**: Anuncios que se muestran en YouTube y en la red de video de Google.
- **Campañas de Shopping**: Anuncios que muestran productos específicos y sus precios en los resultados de búsqueda de Google.
- **Campañas de remarketing**: Anuncios que se muestran a usuarios que han visitado previamente tu sitio web, recordándoles tu marca y alentándolos a regresar y

completar una compra.

Bing Ads: Similar a Google Ads, Bing Ads permite a los anunciantes mostrar anuncios en los resultados de búsqueda de Bing y sus socios. Aunque Bing tiene una cuota de mercado menor que Google, puede ser una opción rentable debido a la menor competencia y los costos por clic más bajos.

Características de Bing Ads:

- **Anuncios de búsqueda**: Aparecen en los resultados de búsqueda de Bing, Yahoo y AOL.
- **Anuncios de Display**: Se muestran en sitios asociados a la red de Display de Microsoft.
- **Segmentación demográfica**: Permite segmentar anuncios basados en datos demográficos, como edad y género.
- **Integración con LinkedIn**: Bing Ads ofrece opciones de segmentación basadas en datos profesionales de LinkedIn.

Creación de Campañas Efectivas de PPC

Para maximizar el rendimiento de tus campañas de PPC, es esencial seguir una serie de pasos que aseguren la relevancia y efectividad de tus anuncios.

Investigación de palabras clave: La base de cualquier campaña de SEM exitosa es una investigación exhaustiva de palabras clave. Utiliza herramientas como Google Keyword Planner, SEMrush y Ahrefs para identificar las palabras clave más relevantes y con mayor potencial de conversión.

- **Palabras clave de cola larga**: Estas son frases más largas y específicas que, aunque tienen menos volumen de búsqueda, generalmente tienen una intención de compra más alta y menos competencia.
- **Palabras clave negativas**: Identifica y excluye palabras clave que no sean relevantes para tu negocio para evitar

gastar presupuesto en clics no cualificados.

Creación de anuncios efectivos: Los anuncios deben ser atractivos y relevantes para los usuarios que realizan búsquedas.

- **Títulos y descripciones**: Crea títulos y descripciones que capten la atención del usuario e incluyan las palabras clave objetivo. Los títulos deben ser claros y directos, mientras que las descripciones deben proporcionar más detalles y una llamada a la acción convincente.
- **Llamadas a la acción (CTA)**: Utiliza CTAs claras y persuasivas para incitar a los usuarios a hacer clic en tus anuncios. Frases como "Compra ahora", "Obtén más información" o "Regístrate hoy" pueden ser efectivas.
- **Extensiones de anuncio**: Aprovecha las extensiones de anuncio para proporcionar información adicional, como enlaces a páginas específicas, números de teléfono y ubicaciones. Las extensiones pueden mejorar la visibilidad y la tasa de clics de tus anuncios.

Optimización de landing pages: Las páginas de destino deben estar optimizadas para convertir el tráfico en clientes potenciales o ventas.

- **Relevancia y consistencia**: Asegúrate de que la landing page sea relevante para el anuncio y las palabras clave utilizadas. La coherencia entre el anuncio y la landing page es crucial para mantener la confianza del usuario.
- **Diseño y usabilidad**: Diseña páginas de destino claras, atractivas y fáciles de navegar, con un enfoque en la conversión. Utiliza un diseño limpio y profesional, y asegúrate de que los elementos clave, como el formulario de contacto o el botón de compra, sean fácilmente accesibles.
- **Velocidad de carga**: Mejora la velocidad de carga de las páginas de destino para reducir la tasa de rebote y mejorar la experiencia del usuario. Los usuarios tienden a abandonar sitios que tardan demasiado en

cargar.

Gestión de presupuesto y pujas: Una gestión efectiva del presupuesto y las estrategias de pujas son cruciales para maximizar el ROI.

- **Asignación de presupuesto**: Distribuye tu presupuesto entre diferentes campañas y palabras clave según su rendimiento y potencial de conversión. Ajusta el presupuesto en función de los resultados y las prioridades de tu negocio.
- **Estrategias de pujas**: Utiliza estrategias de pujas automatizadas o manuales para optimizar el coste por clic (CPC) y maximizar las conversiones. Las pujas automatizadas pueden ajustarse en tiempo real para alcanzar los objetivos de tu campaña.
- **Pruebas y ajustes**: Realiza pruebas A/B para evaluar diferentes variaciones de anuncios, landing pages y estrategias de pujas, y ajusta según los resultados. La optimización continua es clave para mejorar el rendimiento de tus campañas de PPC.

Optimización y Mejora Continua

La optimización continua de tus campañas de SEM es fundamental para asegurar su éxito a largo plazo. Esto implica un proceso constante de análisis, pruebas y ajustes.

Análisis de datos: Utiliza las herramientas de análisis proporcionadas por las plataformas de publicidad para monitorear el rendimiento de tus campañas.

- **CTR (Click-Through Rate)**: El porcentaje de usuarios que hacen clic en tu anuncio después de verlo. Un CTR alto indica que tu anuncio es relevante y atractivo.
- **CPC (Cost Per Click)**: El coste promedio que pagas por cada clic en tu anuncio. Controlar el CPC es importante para mantener tu campaña rentable.
- **CPA (Cost Per Acquisition)**: El coste promedio de

adquirir un cliente o conversión. El CPA te ayuda a evaluar la eficiencia de tu campaña.

- **Tasa de conversión**: El porcentaje de visitantes que realizan la acción deseada (compra, registro, etc.) en tu landing page. Una alta tasa de conversión indica una página de destino efectiva.
- **ROAS (Return on Ad Spend)**: El retorno de inversión publicitaria. Calcula el ingreso generado por cada dólar gastado en publicidad.

Herramientas de análisis:

- **Google Analytics**: Integra Google Analytics con Google Ads para obtener una visión completa del rendimiento de tus campañas y el comportamiento de los usuarios en tu sitio web después de hacer clic en tus anuncios.
- **Google Ads**: Utiliza los informes y paneles de control de Google Ads para monitorizar el rendimiento de tus campañas en tiempo real.
- **SEMrush**: Esta herramienta ofrece análisis detallados de PPC, incluyendo la investigación de palabras clave, la competencia y el rendimiento de anuncios.
- **Ahrefs**: Proporciona datos sobre las palabras clave de pago y las estrategias de PPC de tus competidores, lo que te ayuda a identificar oportunidades y optimizar tus campañas.

Pruebas A/B: Realiza pruebas A/B en diferentes elementos de tus campañas, como títulos de anuncios, descripciones, imágenes y CTAs, para identificar las variaciones que generan mejores resultados. Utiliza los datos de las pruebas para hacer ajustes informados y mejorar el rendimiento general de tus campañas.

Optimización de palabras clave: Revisa y ajusta regularmente tu lista de palabras clave para asegurarte de que estás apuntando a términos relevantes y con potencial de conversión. Utiliza herramientas de investigación de palabras clave para identificar nuevas oportunidades y eliminar palabras clave que no están generando resultados.

Optimización de la landing page: Continúa optimizando tus páginas de destino para mejorar la tasa de conversión. Realiza pruebas de usabilidad y revisa los datos de comportamiento del usuario para identificar áreas de mejora. Asegúrate de que las páginas de destino sean móviles y de carga rápida.

Análisis de la competencia: Mantén un ojo en las estrategias de SEM de tus competidores. Utiliza herramientas como SEMrush y Ahrefs para analizar sus palabras clave, anuncios y rendimiento general. Aprende de sus éxitos y fracasos para ajustar tus propias estrategias.

Estudios de Caso Exitosos

Analizar casos de estudio exitosos puede proporcionar ideas valiosas y estrategias prácticas para implementar en tus propias campañas de SEM.

Caso de estudio 1: Slack

Slack, una plataforma de comunicación empresarial, utilizó Google Ads para aumentar su base de usuarios. Al centrarse en palabras clave específicas relacionadas con la productividad y la colaboración en equipo, y al optimizar sus anuncios y landing pages para maximizar las conversiones, Slack logró aumentar significativamente sus registros. Su enfoque en la segmentación precisa y la optimización continua de las campañas resultó en un crecimiento sostenido de su base de usuarios.

Caso de estudio 2: Airbnb

Airbnb utilizó una combinación de Google Ads y Facebook Ads para aumentar su visibilidad y atraer nuevos usuarios. Al crear anuncios atractivos y segmentar sus audiencias en función de datos demográficos, intereses y comportamientos, Airbnb pudo llegar a usuarios potenciales en diferentes etapas del ciclo de compra. Además, implementaron una estrategia de remarketing para volver a captar a los usuarios que habían visitado su sitio pero no habían completado una reserva. Esta estrategia multifacética resultó en un aumento significativo en las reservas y el crecimiento de la comunidad de usuarios.

Caso de estudio 3: HubSpot

HubSpot, una plataforma de marketing y ventas, utilizó Google Ads para generar leads de alta calidad. Al centrarse en palabras clave de cola larga y optimizar sus landing pages para capturar información de contacto, HubSpot pudo mejorar la calidad de sus leads y reducir su costo por adquisición (CPA). Además, realizaron pruebas A/B en sus anuncios y landing pages para identificar las mejores combinaciones de elementos y mejorar continuamente su rendimiento.

Caso de estudio 4: Zappos

Zappos, una tienda en línea de zapatos y ropa, utilizó Google Ads y Bing Ads para aumentar su tráfico y ventas. Al crear anuncios específicos para diferentes categorías de productos y utilizar extensiones de anuncio para proporcionar información adicional, Zappos pudo mejorar su tasa de clics (CTR) y su tasa de conversión. Además, implementaron una estrategia de remarketing para volver a captar a los usuarios que habían abandonado su carrito de compras. Esta combinación de tácticas resultó en un aumento significativo en las ventas y la lealtad del cliente.

Herramientas Esenciales para SEM

Para implementar y gestionar efectivamente tu estrategia de SEM, es crucial utilizar herramientas que te ayuden a analizar, optimizar y monitorear tu sitio web.
Google Search Console: Esta herramienta gratuita de Google permite a los webmasters monitorear y mantener la presencia de su sitio en los resultados de búsqueda de Google.

- **Rendimiento**: Analiza el rendimiento de tu sitio en los resultados de búsqueda de Google, incluyendo clics, impresiones y posición media.
- **Cobertura**: Verifica la cobertura de indexación de tu sitio y resuelve problemas de rastreo e indexación.
- **Enlaces**: Consulta los enlaces internos y externos que apuntan a tu sitio.

Google Analytics: Proporciona una visión detallada del tráfico de tu sitio web y el comportamiento de los usuarios.

- **Adquisición**: Identifica las fuentes de tráfico y las campañas que generan el mayor tráfico.
- **Comportamiento**: Analiza el comportamiento de los usuarios en tu sitio, incluyendo las páginas más visitadas y las rutas de navegación.
- **Conversiones**: Mide el rendimiento de tus objetivos y conversiones.

SEMrush: Una herramienta integral para el análisis de SEO y SEM.

- **Investigación de palabras clave**: Encuentra y analiza palabras clave relevantes para tu negocio.
- **Análisis de competencia**: Evalúa las estrategias de SEO y SEM de tus competidores.
- **Auditoría del sitio**: Identifica problemas técnicos y de SEO en tu sitio y recibe recomendaciones para solucionarlos.

Ahrefs: Una herramienta poderosa para el análisis de backlinks y la investigación de palabras clave.

- **Explorador de sitios**: Analiza cualquier sitio web para ver su tráfico orgánico, perfiles de backlinks y rendimiento de palabras clave.
- **Explorador de contenido**: Encuentra los contenidos más populares en tu nicho y analiza qué los hace exitosos.
- **Auditoría del sitio**: Identifica problemas de SEO en tu sitio web y recibe recomendaciones para mejorarlo.

Moz: Ofrece una variedad de herramientas de SEO, incluyendo análisis de palabras clave, auditoría del sitio y seguimiento de rankings.

- **Explorador de palabras clave**: Encuentra palabras clave relevantes y analiza su dificultad y volumen de búsqueda.
- **Auditoría del sitio**: Identifica y soluciona problemas técnicos de SEO en tu sitio.
- **Seguimiento de rankings**: Monitorea la posición de tus palabras clave en los resultados de búsqueda.

Conclusión capítulo

El SEM es una poderosa estrategia de marketing digital que puede aumentar significativamente la visibilidad de tu sitio web y atraer tráfico relevante. Al comprender y aplicar los fundamentos del SEM, optimizar continuamente tus campañas de PPC y medir los resultados, puedes maximizar el retorno de inversión y lograr tus objetivos de marketing. La publicidad en línea es un campo dinámico y competitivo, y mantenerse actualizado con las últimas tendencias y prácticas es esencial para el éxito a largo plazo.

Los estudios de caso presentados demuestran cómo las estrategias efectivas de SEM pueden llevar a un éxito sustancial en el tráfico web y la conversión. Con una planificación cuidadosa, la implementación de técnicas avanzadas y el uso de herramientas de análisis, puedes llevar tus campañas de SEM al siguiente nivel y obtener resultados sobresalientes para tu negocio.

CAPÍTULO 5:
REDES SOCIALES
Y MARKETING DE
CONTENIDOS

*Importancia de las redes sociales
en el marketing digital*

L as redes sociales se han convertido en una parte integral del marketing digital debido a su capacidad para conectar a las marcas con millones de usuarios en todo el mundo. Estas plataformas ofrecen una manera efectiva de interactuar con los clientes, construir una comunidad y aumentar la visibilidad de la marca. Según un informe de Statista, en 2021 había 4.48 mil millones de usuarios de redes sociales en todo el mundo, lo que subraya la importancia de estas plataformas en cualquier estrategia de marketing digital.

Ventajas de usar redes sociales en marketing digital:

- **Alcance global**: Las redes sociales permiten llegar a una audiencia global sin las limitaciones geográficas.

- **Interacción en tiempo real**: Las marcas pueden interactuar directamente con los usuarios, responder a sus preguntas y recibir retroalimentación instantánea.
- **Segmentación precisa**: Las plataformas sociales ofrecen opciones avanzadas de segmentación que permiten a las empresas dirigirse a audiencias específicas basadas en demografía, intereses y comportamientos.
- **Generación de leads y ventas**: Las campañas en redes sociales pueden ser diseñadas para captar leads y aumentar las conversiones.
- **Construcción de marca**: Las redes sociales ayudan a construir y mantener una identidad de marca consistente y reconocible.

Estrategias efectivas para cada plataforma

Cada red social tiene su propio conjunto de características y audiencia, lo que requiere estrategias específicas para maximizar su efectividad. A continuación, se presentan estrategias detalladas para las principales plataformas de redes sociales.

Facebook:

- **Contenido variado**: Publica una mezcla de contenido, incluyendo imágenes, videos, enlaces y actualizaciones de texto. El algoritmo de Facebook favorece el contenido que genera interacción, por lo que es importante crear publicaciones que inviten a los usuarios a comentar y compartir.
- **Anuncios dirigidos**: Utiliza Facebook Ads para crear anuncios altamente segmentados basados en intereses, comportamientos y datos demográficos. Las opciones de segmentación de Facebook son muy detalladas, permitiéndote llegar a audiencias específicas.
- **Grupos de Facebook**: Crea y gestiona grupos para construir comunidades alrededor de tu marca y fomentar la interacción. Los grupos pueden ser una

excelente manera de crear un sentido de pertenencia y fidelidad entre tus seguidores.

- **Facebook Live**: Utiliza transmisiones en vivo para interactuar con tu audiencia en tiempo real y aumentar el engagement. Los videos en vivo tienden a generar más interacciones y pueden ser utilizados para lanzamientos de productos, sesiones de preguntas y respuestas, y otros eventos en vivo.

Instagram:

- **Visuales atractivos**: Enfócate en contenido visual de alta calidad, incluyendo fotos, videos y Stories. Instagram es una plataforma visual, por lo que la calidad de las imágenes y videos es crucial.
- **Uso de hashtags**: Utiliza hashtags relevantes para aumentar la visibilidad de tus publicaciones y llegar a nuevas audiencias. Investiga los hashtags más populares y relevantes para tu industria y úsalos estratégicamente.
- **Colaboraciones con influencers**: Colabora con influencers relevantes para aumentar el alcance y la credibilidad de tu marca. Los influencers pueden ayudarte a llegar a nuevas audiencias y a ganar confianza entre los consumidores.
- **IGTV y Reels**: Aprovecha IGTV y Reels para compartir contenido de video más largo y dinámico. IGTV es ideal para contenido más profundo y detallado, mientras que Reels es perfecto para videos cortos y atractivos.

LinkedIn:

- **Contenido profesional**: Publica contenido relevante para profesionales y empresas, como artículos, estudios de caso y actualizaciones de la industria. LinkedIn es una plataforma profesional, por lo que el contenido debe ser informativo y valioso.
- **LinkedIn Ads**: Utiliza LinkedIn Ads para llegar a profesionales y empresas específicas con

anuncios segmentados. LinkedIn ofrece opciones de segmentación basadas en datos demográficos profesionales, como cargo, industria y tamaño de la empresa.

- **Participación en grupos**: Únete y participa en grupos de LinkedIn para establecerte como un experto en tu campo y conectar con otros profesionales. Participar en grupos puede aumentar tu visibilidad y ayudarte a construir relaciones valiosas.
- **Publicaciones de liderazgo de pensamiento**: Comparte contenido original que demuestre tu experiencia y conocimiento en tu industria. Publicar artículos y opiniones puede ayudarte a establecerte como un líder de pensamiento y a ganar credibilidad.

Twitter:

- **Contenido breve y conciso**: Publica actualizaciones rápidas y concisas que capturen la atención de los usuarios. Twitter es una plataforma de microblogging, por lo que es importante ser directo y al grano.
- **Uso de hashtags**: Utiliza hashtags para unirte a conversaciones relevantes y aumentar la visibilidad de tus tweets. Investiga los hashtags más populares y relevantes para tu industria y úsalos estratégicamente.
- **Twitter Ads**: Crea campañas de Twitter Ads para aumentar el alcance de tus tweets y atraer más seguidores. Twitter ofrece varias opciones de anuncios, incluyendo tweets promocionados y tendencias promocionadas.
- **Interacción en tiempo real**: Responde a menciones, retweets y mensajes directos para mantener una comunicación activa con tu audiencia. La interacción en tiempo real puede ayudar a construir relaciones más fuertes con tus seguidores.

YouTube:

- **Contenido de video de calidad**: Publica videos de

alta calidad que sean informativos, entretenidos y relevantes para tu audiencia. La calidad de producción es importante en YouTube, ya que los usuarios esperan contenido profesional.

- **SEO para YouTube**: Optimiza tus títulos, descripciones y etiquetas de video para mejorar el posicionamiento en los resultados de búsqueda de YouTube. Utiliza palabras clave relevantes y asegúrate de que tus títulos y descripciones sean atractivos.
- **YouTube Ads**: Utiliza YouTube Ads para promocionar tus videos y alcanzar a una audiencia más amplia. Los anuncios en YouTube pueden ser una forma efectiva de aumentar el alcance y la visibilidad de tu contenido.
- **Colaboraciones y patrocinios**: Colabora con otros creadores de contenido y marcas para aumentar tu visibilidad y credibilidad. Las colaboraciones pueden ayudarte a llegar a nuevas audiencias y a construir relaciones valiosas en la comunidad de YouTube.

Creación y gestión de contenido atractivo

El marketing de contenidos se basa en la creación y distribución de contenido valioso y relevante para atraer y retener a una audiencia definida. A continuación, se presentan algunas estrategias clave para la creación y gestión de contenido atractivo.

Conocimiento del público objetivo: Comprender a tu audiencia es esencial para crear contenido que resuene con ellos. Utiliza encuestas, análisis de datos y feedback de los clientes para identificar sus intereses, necesidades y problemas. Herramientas como Google Analytics, Facebook Insights y otras plataformas de análisis pueden proporcionarte información valiosa sobre tu audiencia.

Calendario de contenidos: Desarrolla un calendario de contenidos para planificar y organizar tus publicaciones. Esto te ayudará a mantener una consistencia en la publicación y asegurar que estás abordando una variedad de temas. Un calendario bien planificado puede ayudarte a mantener la coherencia y a asegurarte de que siempre tienes contenido listo para publicar.

- **Planificación a largo plazo**: Crea un calendario de contenido mensual o trimestral para asegurarte de que tienes una visión a largo plazo de tus esfuerzos de marketing de contenidos.
- **Flexibilidad**: Aunque es importante planificar con anticipación, también debes ser flexible y estar preparado para ajustar tu calendario según sea necesario.

Diversificación del contenido: Publica diferentes tipos de contenido para mantener a tu audiencia interesada y comprometida. Esto puede incluir blogs, infografías, videos, podcasts, ebooks, estudios de caso y más. Diversificar tu contenido puede ayudarte a llegar a diferentes segmentos de tu audiencia y a mantener el interés de los seguidores.

- **Blogs**: Los blogs son una excelente manera de compartir información detallada y relevante con tu audiencia. Pueden mejorar tu SEO y atraer tráfico orgánico a tu sitio web.
- **Infografías**: Las infografías son visuales atractivos que pueden simplificar información compleja y hacerla más accesible para tu audiencia.
- **Videos**: Los videos pueden ser una forma poderosa de contar historias, demostrar productos y conectarte con tu audiencia de una manera más personal.
- **Podcasts**: Los podcasts pueden ayudarte a llegar a una audiencia que prefiere consumir contenido en formato de audio. Pueden ser una excelente manera de establecer tu marca como una autoridad en tu industria.
- **Ebooks y guías**: Ofrecer ebooks y guías gratuitos puede ayudarte a capturar leads y proporcionar valor a tu audiencia.

Optimización para SEO: Asegúrate de que tu contenido esté optimizado para motores de búsqueda utilizando palabras clave relevantes, títulos atractivos, meta descripciones y enlaces internos. La optimización para SEO puede ayudarte a aumentar la visibilidad de tu contenido y atraer más tráfico orgánico.

- **Investigación de palabras clave**: Utiliza herramientas de investigación de palabras clave para identificar los términos más relevantes y populares para tu industria.
- **Optimización de títulos y descripciones**: Asegúrate de que tus títulos y descripciones sean atractivos y contengan las palabras clave relevantes.
- **Enlaces internos y externos**: Utiliza enlaces internos para guiar a los usuarios a través de tu sitio web y enlaces externos para proporcionar referencias y mejorar la credibilidad de tu contenido.

Storytelling: Utiliza el storytelling para hacer que tu contenido sea más atractivo y memorable. Comparte historias que conecten emocionalmente con tu audiencia y que reflejen los valores y la misión de tu marca. El storytelling puede ayudar a humanizar tu marca y a crear una conexión más profunda con tu audiencia.

- **Historias de clientes**: Comparte historias de clientes satisfechos y cómo tu producto o servicio ha mejorado sus vidas.
- **Historias de la marca**: Cuenta la historia de tu marca, incluyendo sus orígenes, misión y valores.
- **Historias de empleados**: Comparte historias de tus empleados y cómo contribuyen al éxito de la empresa.

Interacción y participación: Fomenta la interacción con tu contenido mediante preguntas, encuestas y llamados a la acción. Responde a los comentarios y comparte contenido generado por los usuarios para aumentar el engagement. La interacción con tu audiencia puede ayudarte a construir relaciones más fuertes y a aumentar la lealtad de los seguidores.

- **Preguntas y encuestas**: Utiliza preguntas y encuestas para involucrar a tu audiencia y obtener su feedback.

- **Llamados a la acción**: Incluye llamados a la acción claros y persuasivos en tu contenido para animar a los usuarios a tomar medidas.
- **Contenido generado por usuarios**: Comparte contenido generado por tus seguidores para mostrar aprecio y construir una comunidad más fuerte.

Marketing de influencers

El marketing de influencers implica colaborar con personas influyentes en tu industria para promocionar tu marca y productos. Los influencers pueden ayudar a aumentar la visibilidad de tu marca, llegar a nuevas audiencias y mejorar la credibilidad.

Identificación de influencers: Encuentra influencers que sean relevantes para tu industria y que tengan una audiencia alineada con tu público objetivo. Puedes utilizar herramientas como BuzzSumo, HypeAuditor y Traackr para identificar influencers potenciales.

- **Micro-influencers**: Personas con una audiencia más pequeña (10k-100k seguidores) pero muy comprometida. Son ideales para nichos específicos y suelen tener tasas de engagement más altas.
- **Macro-influencers**: Personas con una audiencia considerable (100k-1M seguidores). Son más accesibles que los mega-influencers y aún tienen un buen alcance.
- **Mega-influencers**: Celebridades y personas con una gran cantidad de seguidores (más de 1 millón). Tienen un alcance amplio pero pueden ser costosos.

Colaboraciones y campañas: Trabaja con influencers para desarrollar campañas que sean auténticas y alineadas con tu marca. Esto puede incluir publicaciones patrocinadas, reseñas de productos, sorteos y colaboraciones en contenido.

- **Publicaciones patrocinadas**: Paga a los influencers para que publiquen sobre tus productos o servicios en sus perfiles de redes sociales.

- **Reseñas de productos**: Envía productos a los influencers para que los prueben y compartan sus opiniones con su audiencia.
- **Sorteos**: Colabora con influencers para organizar sorteos y concursos que aumenten la visibilidad de tu marca.
- **Colaboraciones en contenido**: Crea contenido en conjunto con influencers, como videos, blogs y eventos en vivo.

Medición de resultados: Evalúa el éxito de tus campañas de marketing de influencers utilizando métricas como el alcance, la tasa de engagement, el tráfico web generado y las conversiones. Ajusta tus estrategias basándote en estos resultados para mejorar futuras colaboraciones.

- **Alcance**: Mide cuántas personas han visto el contenido del influencer.
- **Tasa de engagement**: Mide la cantidad de interacciones (me gusta, comentarios, compartidos) que ha generado el contenido.
- **Tráfico web**: Mide el tráfico web que ha sido dirigido a tu sitio desde las publicaciones del influencer.
- **Conversiones**: Mide cuántos visitantes han completado una acción deseada (compra, registro, etc.) después de interactuar con el contenido del influencer.

Estudios de caso

Caso de estudio 1: Glossier

Glossier, una marca de belleza, ha utilizado eficazmente el marketing de contenidos y las redes sociales para construir una base de clientes leales. Al enfocarse en contenido generado por los usuarios y colaborar con micro-influencers, Glossier ha creado una comunidad comprometida. Su estrategia de contenido se centra en la autenticidad y la conexión emocional con los clientes, lo que ha llevado a un crecimiento exponencial en seguidores y ventas.

Caso de estudio 2: Red Bull

Red Bull es un ejemplo sobresaliente de cómo una marca puede utilizar las redes sociales y el marketing de contenidos para crear una identidad de marca fuerte. A través de la producción de contenido de alta calidad relacionado con deportes extremos y eventos patrocinados, Red Bull ha construido una comunidad global de seguidores apasionados. Su enfoque en el contenido de video y las colaboraciones con influencers ha sido clave para su éxito.

Caso de estudio 3: Nike

Nike ha utilizado una combinación de redes sociales y marketing de contenidos para mantener su posición como líder en la industria de la ropa deportiva. Al crear campañas inspiradoras y colaboraciones con atletas e influencers, Nike ha mantenido una fuerte presencia en las redes sociales. Su estrategia de contenido se centra en contar historias que resuenen con su audiencia y promuevan los valores de la marca.

Caso de estudio 4: GoPro

GoPro ha utilizado las redes sociales y el marketing de contenidos para promocionar sus cámaras de acción. Al fomentar el contenido generado por los usuarios y colaborar con influencers, GoPro ha creado una comunidad de entusiastas de los deportes extremos y aventureros. Sus campañas en redes sociales destacan el uso de sus productos en situaciones emocionantes y aventureras, lo que ha llevado a un aumento en las ventas y la lealtad de los clientes.

Conclusión capítulo

Las redes sociales y el marketing de contenidos son componentes esenciales de cualquier estrategia de marketing digital efectiva. Al comprender las características únicas de cada plataforma y desarrollar contenido atractivo y relevante, las marcas pueden aumentar su visibilidad, construir una comunidad leal y generar conversiones. La colaboración con influencers y la medición continua de los resultados son clave para optimizar las estrategias y maximizar el retorno de inversión. Los estudios de caso presentados demuestran cómo las estrategias efectivas de redes sociales y marketing de contenidos pueden llevar a un éxito sustancial en la construcción de la marca y la interacción con los clientes. Con una planificación cuidadosa y un enfoque en la autenticidad y el valor, las empresas pueden aprovechar el poder de las redes sociales y el marketing de contenidos para alcanzar sus objetivos de negocio y crecer en el competitivo mundo digital.

CAPÍTULO 6: EMAIL MARKETING

Introducción al Email Marketing

El email marketing es una de las formas más efectivas y rentables de marketing digital. Consiste en enviar correos electrónicos a una lista de contactos con el objetivo de promover productos, servicios o contenido relevante. A pesar de la proliferación de nuevas tecnologías y canales de comunicación, el email marketing sigue siendo una herramienta poderosa para llegar a los consumidores de manera directa y personalizada. Según datos de Litmus, el email marketing tiene un retorno de inversión (ROI) promedio de 42:1, lo que significa que por cada dólar gastado, las empresas pueden esperar un retorno de 42 dólares.

Ventajas del email marketing:
- **Alcance directo**: Los correos electrónicos llegan directamente a la bandeja de entrada de los usuarios, lo que permite una comunicación directa y personalizada.
- **Personalización**: El email marketing permite segmentar audiencias y personalizar mensajes según las preferencias y comportamientos de los usuarios.

- **Automatización**: Las plataformas de email marketing ofrecen herramientas de automatización que facilitan el envío de correos electrónicos en el momento adecuado.
- **Medición y análisis**: Es fácil medir y analizar el rendimiento de las campañas de email marketing mediante métricas como la tasa de apertura, la tasa de clics y las conversiones.
- **Costo-efectividad**: En comparación con otros canales de marketing, el email marketing es relativamente económico y ofrece un alto retorno de inversión.

Construcción de una lista de suscriptores

Una lista de suscriptores de alta calidad es la base de cualquier campaña de email marketing exitosa. A continuación, se presentan estrategias efectivas para construir y mantener una lista de suscriptores.

Opt-in y doble opt-in:

- **Opt-in**: Solicita a los usuarios que se inscriban voluntariamente a tu lista de correo proporcionando su dirección de correo electrónico. Asegúrate de que el proceso de suscripción sea simple y claro.
- **Doble opt-in**: Utiliza un proceso de doble opt-in en el que los suscriptores confirmen su suscripción a través de un correo electrónico de verificación. Esto garantiza que solo los usuarios realmente interesados se unan a tu lista y ayuda a mantener la calidad de los suscriptores.

Formularios de suscripción:

- **Formularios en el sitio web**: Coloca formularios de suscripción en diferentes secciones de tu sitio web, como la página de inicio, el blog y las páginas de productos. Asegúrate de que los formularios sean visibles y fáciles de completar.

- **Pop-ups y sliders**: Utiliza pop-ups y sliders para captar la atención de los visitantes y animarlos a suscribirse a tu lista de correo. Asegúrate de que estas herramientas no sean intrusivas y ofrezcan valor al usuario.

Incentivos para la suscripción:

- **Descuentos y ofertas especiales**: Ofrece descuentos exclusivos o promociones especiales a los usuarios que se suscriban a tu lista de correo. Esto puede ser un incentivo poderoso para motivar a los visitantes a proporcionar su dirección de correo electrónico.
- **Contenido exclusivo**: Ofrece contenido exclusivo, como ebooks, guías, webinars o acceso anticipado a nuevos productos, a cambio de la suscripción a tu lista de correo.
- **Concursos y sorteos**: Organiza concursos y sorteos en los que los usuarios deban suscribirse a tu lista de correo para participar. Esta estrategia puede aumentar rápidamente el número de suscriptores.

Mantenimiento de la lista de suscriptores:

- **Limpieza de la lista**: Realiza limpiezas periódicas de tu lista de suscriptores para eliminar direcciones de correo electrónico inválidas o inactivas. Esto ayudará a mantener una alta tasa de entrega y a mejorar la eficacia de tus campañas.
- **Segmentación**: Segmenta tu lista de suscriptores en grupos basados en características demográficas, intereses y comportamientos. La segmentación permite enviar mensajes más relevantes y personalizados a cada grupo de suscriptores.

Creación de campañas de email efectivas

Para crear campañas de email marketing efectivas, es fundamental prestar atención a varios aspectos clave, desde la redacción de líneas de asunto hasta el diseño del contenido y la implementación de llamadas a la acción.

Líneas de asunto atractivas:

- **Brevedad y claridad:** Las líneas de asunto deben ser breves y claras, transmitiendo de manera concisa el valor del contenido del correo electrónico. Idealmente, las líneas de asunto deben tener menos de 50 caracteres.
- **Personalización:** Utiliza el nombre del suscriptor u otros datos personalizados en la línea de asunto para captar su atención. La personalización puede aumentar significativamente la tasa de apertura.
- **Urgencia y curiosidad:** Incorpora un sentido de urgencia o curiosidad en la línea de asunto para animar a los suscriptores a abrir el correo electrónico. Por ejemplo, utiliza términos como "Última oportunidad" o "Descubre cómo".

Contenido relevante y valioso:

- **Segmentación:** Asegúrate de que el contenido del correo electrónico sea relevante para el segmento de audiencia al que se dirige. La segmentación adecuada garantiza que los suscriptores reciban información que les interese y sea valiosa para ellos.
- **Valor y beneficios:** Enfócate en los beneficios y el valor que ofreces a los suscriptores. Resalta cómo tu producto, servicio o contenido puede solucionar sus problemas o satisfacer sus necesidades.
- **Diseño visual atractivo:** Utiliza un diseño visualmente atractivo que sea consistente con la identidad de tu marca. Incluye imágenes de alta calidad, gráficos y colores que complementen el contenido y mejoren la experiencia del usuario.

Llamadas a la acción (CTA):

- **Claridad y precisión:** Las CTA deben ser claras y precisas, indicando exactamente lo que quieres que hagan los suscriptores. Utiliza verbos de acción como

JOSÉ MANUEL SOLANO MARTÍNEZ

"Comprar ahora", "Registrarse" o "Descargar".

- **Visibilidad**: Asegúrate de que las CTA sean visibles y destacadas en el diseño del correo electrónico. Utiliza botones con colores contrastantes y coloca las CTA en ubicaciones estratégicas.
- **Múltiples oportunidades**: Incluye múltiples CTA a lo largo del correo electrónico para aumentar las posibilidades de que los suscriptores realicen la acción deseada. Por ejemplo, puedes incluir una CTA al principio, en el medio y al final del correo.

Automatización del email marketing

La automatización del email marketing permite enviar correos electrónicos personalizados y relevantes en el momento adecuado, mejorando la eficacia de tus campañas y ahorrando tiempo. A continuación, se presentan algunas estrategias y flujos de trabajo de automatización.

Flujos de trabajo de bienvenida:

- **Correo de bienvenida**: Envía un correo de bienvenida a los nuevos suscriptores inmediatamente después de que se registren. Agradece su suscripción y proporciona información sobre lo que pueden esperar recibir en el futuro.
- **Serie de correos**: Crea una serie de correos electrónicos de bienvenida que se envían en los días o semanas posteriores a la suscripción. Utiliza esta serie para presentar tu marca, compartir contenido valioso y establecer una relación con los nuevos suscriptores.

Correos electrónicos de carrito abandonado:

- **Recordatorios**: Envía correos electrónicos a los suscriptores que han dejado productos en su carrito de compras sin completar la transacción. Incluye una lista de los productos abandonados y un enlace directo para completar la compra.

- **Ofertas especiales**: Considera ofrecer un descuento o una oferta especial para incentivar a los usuarios a regresar y completar su compra. Esto puede aumentar significativamente la tasa de recuperación de carritos abandonados.

Series de nutrición de leads:

- **Contenido educativo**: Envía una serie de correos electrónicos que proporcionen contenido educativo y valioso a los suscriptores, ayudándolos a comprender mejor tus productos o servicios y a tomar una decisión de compra informada.
- **Segmentación avanzada**: Segmenta a los leads en diferentes grupos según su nivel de interés y comportamiento, y envía contenido específico para cada grupo. Esto puede aumentar la relevancia y la eficacia de tus campañas de nutrición de leads.

Correos electrónicos de re-engagement:

- **Activación de suscriptores inactivos**: Envía correos electrónicos específicos para reactivar a los suscriptores que no han interactuado con tus correos en un período de tiempo determinado. Ofrece incentivos como descuentos o contenido exclusivo para motivarlos a regresar.
- **Encuestas de feedback**: Solicita feedback a los suscriptores inactivos para entender por qué han dejado de interactuar con tus correos y cómo puedes mejorar tu comunicación. Utiliza esta información para ajustar tus estrategias y mejorar la retención de suscriptores.

Medición y análisis de resultados

Medir y analizar los resultados de tus campañas de email marketing es esencial para comprender su rendimiento y hacer ajustes informados. A continuación, se presentan algunas métricas clave y herramientas para el análisis de campañas de email marketing.

Métricas clave:

- **Tasa de apertura**: El porcentaje de suscriptores que abren tus correos electrónicos. Una tasa de apertura alta indica que tus líneas de asunto son efectivas y que los suscriptores están interesados en tu contenido.
- **Tasa de clics (CTR)**: El porcentaje de suscriptores que hacen clic en los enlaces dentro de tus correos electrónicos. Una tasa de clics alta indica que tu contenido es relevante y que tus CTA son efectivas.
- **Tasa de conversión**: El porcentaje de suscriptores que completan una acción deseada (compra, registro, descarga, etc.) después de hacer clic en un enlace en tu correo electrónico. La tasa de conversión te ayuda a evaluar la efectividad de tus CTA y landing pages.
- **Tasa de rebote**: El porcentaje de correos electrónicos que no se entregan a los suscriptores debido a direcciones de correo electrónico inválidas o problemas técnicos. Una tasa de rebote baja es crucial para mantener una alta tasa de entrega.
- **Tasa de cancelación de suscripción**: El porcentaje de suscriptores que se dan de baja de tu lista de correo después de recibir un correo electrónico. Monitorea esta métrica para identificar posibles problemas con la relevancia o frecuencia de tus correos.

Herramientas de análisis:

- **Google Analytics**: Integra Google Analytics con tu plataforma de email marketing para obtener una visión completa del rendimiento de tus campañas y el comportamiento de los usuarios en tu sitio web después de hacer clic en tus correos electrónicos.
- **Plataformas de email marketing**: Utiliza las herramientas de análisis proporcionadas por tu plataforma de email marketing para monitorear

métricas clave y obtener informes detallados sobre el rendimiento de tus campañas. Algunas plataformas populares incluyen Mailchimp, Constant Contact, HubSpot y Sendinblue.

- **Heatmaps y mapas de clics**: Utiliza herramientas de heatmaps y mapas de clics para analizar cómo los suscriptores interactúan con el contenido de tus correos electrónicos. Esto te ayuda a identificar las áreas que generan más clics y ajustar el diseño de tus correos en consecuencia.

Optimización continua:

- **Pruebas A/B**: Realiza pruebas A/B en diferentes elementos de tus correos electrónicos, como líneas de asunto, contenido, CTA y diseño, para identificar las variaciones que generan mejores resultados. Utiliza los datos de las pruebas para hacer ajustes informados y mejorar continuamente el rendimiento de tus campañas.

- **Feedback de los suscriptores**: Solicita feedback a tus suscriptores a través de encuestas y análisis de comentarios para entender mejor sus preferencias y necesidades. Utiliza esta información para ajustar tu estrategia de email marketing y mejorar la satisfacción del suscriptor.

- **Segmentación avanzada**: Revisa y ajusta regularmente tus segmentos de audiencia para asegurarte de que estás enviando contenido relevante y personalizado a cada grupo de suscriptores. La segmentación avanzada puede aumentar la relevancia y la efectividad de tus campañas.

Estudios de caso exitosos

Caso de estudio 1: BuzzFeed

BuzzFeed, una compañía de medios de comunicación, ha

utilizado el email marketing de manera efectiva para aumentar la participación de su audiencia y generar tráfico a su sitio web. Al enviar correos electrónicos diarios con contenido personalizado basado en los intereses y comportamientos de los suscriptores, BuzzFeed ha logrado mantener una alta tasa de apertura y clics. Su estrategia de segmentación avanzada y contenido atractivo ha sido clave para su éxito en el email marketing.

Caso de estudio 2: Airbnb

Airbnb utiliza el email marketing para mantener a sus usuarios informados sobre nuevas ofertas, destinos populares y consejos de viaje. Al personalizar los correos electrónicos según las preferencias y comportamientos de los usuarios, Airbnb ha logrado aumentar la participación y las reservas. Su enfoque en la automatización y el análisis de datos les permite enviar mensajes relevantes en el momento adecuado.

Caso de estudio 3: Amazon

Amazon es conocido por su uso eficaz del email marketing para promover productos y ofertas personalizadas. Al utilizar algoritmos avanzados y análisis de datos, Amazon envía recomendaciones de productos basadas en el historial de compras y navegación de los usuarios. Esta personalización ha llevado a un aumento significativo en las ventas y la satisfacción del cliente.

Caso de estudio 4: Starbucks

Starbucks utiliza el email marketing para mantener a sus clientes informados sobre nuevas bebidas, promociones y eventos especiales. Al ofrecer incentivos exclusivos, como descuentos y recompensas, Starbucks ha logrado mantener una alta tasa de apertura y clics. Su enfoque en la personalización y el valor para el cliente ha sido clave para su éxito en el email marketing.

Conclusión capítulo

El email marketing es una herramienta poderosa y rentable para llegar a los consumidores de manera directa y personalizada. Al construir una lista de suscriptores de alta calidad, crear campañas efectivas, automatizar procesos y medir resultados, las empresas pueden maximizar el impacto de sus esfuerzos de email marketing. Los estudios de caso presentados demuestran cómo las estrategias efectivas de email marketing pueden llevar a un éxito sustancial en la participación del usuario y las conversiones. Con una planificación cuidadosa y un enfoque en la relevancia y el valor, las empresas pueden aprovechar el poder del email marketing para alcanzar sus objetivos de negocio y crecer en el competitivo mundo digital.

CAPÍTULO 7: E-COMMERCE Y ESTRATEGIAS DE VENTA ONLINE

El comercio electrónico ha transformado la manera en que las empresas venden productos y servicios. Para tener éxito en el entorno competitivo del e-commerce, es esencial comprender cómo crear y gestionar una tienda en línea, optimizar la experiencia del usuario, implementar estrategias de conversión efectivas y gestionar la logística y los pedidos de manera eficiente. En este capítulo, exploraremos en profundidad estos aspectos clave del e-commerce.

Creación y Gestión de Tiendas en Línea

La creación de una tienda en línea bien diseñada y funcional es el primer paso para establecer una presencia sólida en el mercado digital.

Selección de la Plataforma de E-commerce

Existen varias plataformas de e-commerce disponibles, cada una con sus propias características y beneficios. Algunas de las más populares incluyen:

- **Shopify**: Conocida por su facilidad de uso y capacidad de integración con múltiples aplicaciones.
- **WooCommerce**: Una solución flexible y personalizable basada en WordPress.
- **Magento**: Ideal para grandes empresas que necesitan una plataforma escalable y robusta.
- **BigCommerce**: Ofrece una gran cantidad de características integradas y es conocida por su capacidad de escalar.

Diseño y Desarrollo de la Tienda

- **Interfaz de Usuario (UI)**: Asegúrate de que tu tienda tenga una interfaz intuitiva y fácil de navegar. Utiliza un diseño limpio y profesional que refleje la identidad de tu marca.
- **Optimización para Móviles**: Con el aumento del uso de dispositivos móviles, es crucial que tu tienda esté optimizada para móviles.
- **Seguridad**: Implementa certificados SSL para asegurar las transacciones y protege la información de los clientes.

Gestión de Productos

- **Catálogo de Productos**: Organiza tu catálogo de manera lógica, utilizando categorías y subcategorías para facilitar la búsqueda de productos.
- **Descripciones y Fotos**: Proporciona descripciones detalladas y fotos de alta calidad de tus productos. Incluye videos si es posible.
- **Precios y Promociones**: Establece precios competitivos y utiliza promociones y descuentos para atraer a los clientes.

Optimización de la Experiencia

del Usuario (UX)

La experiencia del usuario (UX) es un factor crítico que influye en la satisfacción del cliente y las tasas de conversión.

Navegación y Búsqueda

- **Menú de Navegación**: Diseña un menú de navegación claro y sencillo. Utiliza categorías y subcategorías para organizar los productos.
- **Función de Búsqueda**: Implementa una función de búsqueda eficaz con filtros y sugerencias automáticas para ayudar a los usuarios a encontrar productos fácilmente.

Velocidad de Carga

- **Optimización de Imágenes**: Comprime imágenes y utiliza formatos adecuados para reducir los tiempos de carga.
- **Hosting Rápido**: Elige un proveedor de hosting que ofrezca servidores rápidos y fiables.
- **Minificación de Recursos**: Reduce el tamaño de los archivos CSS, JavaScript y HTML.

Proceso de Compra

- **Carrito de Compras**: Asegúrate de que el carrito de compras sea fácil de usar y permita modificaciones sin problemas.
- **Checkout Simplificado**: Implementa un proceso de pago sencillo y sin fricciones. Ofrece múltiples opciones de pago y no obligues a los usuarios a registrarse para realizar una compra.
- **Confianza y Seguridad**: Muestra sellos de seguridad y testimonios de clientes para generar confianza.

Estrategias de Conversión

Las estrategias de conversión están diseñadas para aumentar el porcentaje de visitantes que realizan una compra en tu tienda en línea.

Optimización de la Página de Producto

- **Llamadas a la Acción (CTA)**: Utiliza CTA claros y persuasivos como "Comprar Ahora" o "Añadir al Carrito".
- **Pruebas A/B**: Realiza pruebas A/B para determinar qué elementos de la página de producto generan más conversiones.
- **Opiniones y Reseñas**: Incluye reseñas y calificaciones de productos para aumentar la credibilidad y la confianza.

Marketing de Contenidos

- **Blogs y Artículos**: Crea contenido relevante y valioso que atraiga a tu público objetivo y los guíe a través del embudo de ventas.
- **Videos**: Utiliza videos para demostrar productos, compartir testimonios de clientes y contar la historia de tu marca.

Email Marketing

- **Boletines Informativos**: Envía boletines regulares con promociones, nuevos productos y contenido valioso.
- **Carritos Abandonados**: Configura correos electrónicos automáticos para recordar a los clientes sobre los productos que dejaron en sus carritos.
- **Segmentación**: Segmenta tu lista de correos para enviar mensajes personalizados basados en el comportamiento y las preferencias de los clientes.

Publicidad en Redes Sociales y PPC

- **Anuncios Dirigidos**: Utiliza plataformas como Facebook, Instagram y Google Ads para crear campañas publicitarias dirigidas a tu público objetivo.
- **Retargeting**: Implementa campañas de retargeting para volver a atraer a los visitantes que no completaron

una compra.

Logística y Gestión de Pedidos

La logística y la gestión de pedidos son fundamentales para ofrecer una experiencia de compra positiva y eficiente.

Gestión de Inventarios

- **Software de Gestión de Inventarios**: Utiliza software para monitorear y gestionar tu inventario en tiempo real.
- **Almacenes y Centros de Distribución**: Considera la posibilidad de utilizar almacenes externos y centros de distribución para optimizar la gestión de inventarios y los tiempos de entrega.

Proceso de Envío

- **Opciones de Envío**: Ofrece múltiples opciones de envío, incluyendo envíos rápidos y económicos.
- **Seguimiento de Envíos**: Proporciona información de seguimiento para que los clientes puedan monitorear sus pedidos.
- **Política de Devoluciones**: Establece una política de devoluciones clara y justa, y comunícala de manera efectiva a tus clientes.

Servicio al Cliente

- **Atención al Cliente**: Proporciona múltiples canales de atención al cliente, incluyendo correo electrónico, chat en vivo y teléfono.
- **Gestión de Quejas y Devoluciones**: Maneja las quejas y devoluciones de manera eficiente y profesional para mantener la satisfacción del cliente.

Conclusión capítulo

El éxito en el e-commerce requiere una combinación de una

tienda bien diseñada, una experiencia de usuario optimizada, estrategias de conversión efectivas y una gestión logística eficiente. Al implementar las estrategias y técnicas descritas en este capítulo, estarás mejor preparado para competir en el mercado en línea y lograr el crecimiento de tu negocio.

CAPÍTULO 8: MARKETING DE AFILIACIÓN

El marketing de afiliación es una estrategia de marketing digital en la que una empresa paga a terceros (afiliados) una comisión por generar tráfico o ventas a través de sus propios esfuerzos promocionales. Es una manera efectiva para que las empresas expandan su alcance y para que los afiliados generen ingresos pasivos. En este capítulo, exploraremos en detalle qué es el marketing de afiliación, cómo elegir programas de afiliados, estrategias para maximizar ingresos y casos de estudio exitosos.

Qué es el Marketing de Afiliación

El marketing de afiliación es un modelo basado en el rendimiento donde los afiliados promocionan productos o servicios de una empresa a cambio de una comisión por cada venta, clic o conversión generada a través de sus enlaces de afiliado.

Componentes del Marketing de Afiliación

1. **Anunciante (Merchant)**: La empresa que ofrece

productos o servicios y paga comisiones a los afiliados.

2. **Afiliado (Publisher)**: El individuo o entidad que promociona los productos o servicios del anunciante a cambio de una comisión.

3. **Red de Afiliados**: Una plataforma que actúa como intermediario entre los anunciantes y los afiliados, proporcionando herramientas y recursos para gestionar el programa de afiliación.

4. **Cliente**: El consumidor final que realiza una compra o acción a través del enlace de afiliado.

Cómo Funciona

1. **Registro**: El afiliado se registra en un programa de afiliación y obtiene un enlace único de afiliado.

2. **Promoción**: El afiliado promociona el enlace a través de su sitio web, blog, redes sociales, correo electrónico u otros canales.

3. **Conversión**: El cliente hace clic en el enlace de afiliado y realiza una compra o acción.

4. **Seguimiento y Pago**: La red de afiliados rastrea la conversión y paga una comisión al afiliado según los términos del programa.

Cómo Elegir Programas de Afiliados

Seleccionar los programas de afiliados correctos es crucial para maximizar tus ingresos y asegurar que las promociones resuenen con tu audiencia.

Factores a Considerar

1. **Relevancia del Producto o Servicio**: Asegúrate de que el producto o servicio sea relevante para tu audiencia y esté alineado con tu nicho.

2. **Estructura de Comisiones**: Revisa la tasa de comisión y el modelo de pago (por venta, por clic, por lead) para asegurarte de que sea justo y rentable.

3. **Reputación del Anunciante**: Investiga la reputación del anunciante para asegurarte de que sea una empresa

confiable y respetada.

4. **Soporte y Recursos**: Evalúa si el programa ofrece soporte adecuado, materiales de marketing y herramientas para facilitar la promoción.

5. **Condiciones y Políticas**: Lee detenidamente las condiciones del programa, incluyendo las políticas de pago, cookies y cualquier restricción que pueda afectar tu capacidad para generar ingresos.

Plataformas Populares de Programas de Afiliados

1. **Amazon Associates**: Uno de los programas de afiliación más grandes y populares, ofreciendo una amplia variedad de productos para promocionar.

2. **ShareASale**: Ofrece acceso a miles de programas de afiliados en diversas industrias.

3. **CJ Affiliate**: Conecta a los afiliados con grandes marcas y proporciona herramientas avanzadas de seguimiento y análisis.

4. **Rakuten Marketing**: Una red de afiliados global con una amplia gama de productos y servicios.

5. **ClickBank**: Conocido por sus productos digitales y comisiones altas.

Estrategias para Maximizar Ingresos

Para obtener el máximo rendimiento de tus esfuerzos en marketing de afiliación, es importante implementar estrategias efectivas y optimizar continuamente tus campañas.

Creación de Contenido de Calidad

- **Reseñas y Comparativas**: Escribe reseñas detalladas y comparativas de productos para ayudar a tu audiencia a tomar decisiones informadas.
- **Guías y Tutoriales**: Crea guías y tutoriales que muestran cómo usar los productos o servicios que promocionas.
- **Listas de Productos**: Publica listas de productos

recomendados, como "Los 10 mejores gadgets para viajeros" o "Herramientas esenciales para emprendedores".

Optimización de SEO

- **Palabras Clave de Intención de Compra**: Utiliza palabras clave que reflejen la intención de compra, como "mejor", "reseña", "comprar", etc.
- **Enlaces Internos y Externos**: Asegúrate de que tus enlaces de afiliado estén bien integrados en tu contenido y utiliza enlaces internos para mejorar la navegación.
- **Meta Descripciones y Títulos Atractivos**: Optimiza las meta descripciones y títulos para atraer clics y mejorar el ranking en los motores de búsqueda.

Uso de Herramientas de Marketing

- **Email Marketing**: Construye una lista de correo y envía newsletters con recomendaciones de productos y promociones.
- **Redes Sociales**: Promociona tus enlaces de afiliado en tus cuentas de redes sociales y utiliza anuncios pagados para ampliar tu alcance.
- **Publicidad de Pago por Clic (PPC)**: Invierte en campañas de PPC para dirigir tráfico cualificado a tus enlaces de afiliado.

Monitoreo y Optimización

- **Análisis de Rendimiento**: Utiliza herramientas como Google Analytics, ClickMeter y las plataformas de afiliación para rastrear el rendimiento de tus enlaces.
- **Pruebas A/B**: Realiza pruebas A/B para optimizar tus páginas de aterrizaje, CTA y estrategias de contenido.
- **Adaptación y Escalado**: Ajusta tus estrategias basándote en los datos de rendimiento y escala tus esfuerzos en las áreas más rentables.

Casos de Estudio

Caso de Estudio 1: Pat Flynn y Smart Passive Income

Estrategia Utilizada: Pat Flynn, fundador de Smart Passive Income, utiliza contenido de calidad como blogs, podcasts y videos para educar a su audiencia sobre diversas herramientas y recursos. Su enfoque en la transparencia y la autenticidad ha construido una comunidad leal.

Resultados: Flynn ha generado ingresos sustanciales a través del marketing de afiliación, promocionando productos como herramientas de email marketing, hosting web y software de productividad.

Caso de Estudio 2: Michelle Schroeder-Gardner y Making Sense of Cents

Estrategia Utilizada: Michelle Schroeder-Gardner, creadora de Making Sense of Cents, utiliza blogs detallados y testimonios personales para promocionar productos financieros y cursos de afiliación. Ella también ofrece su propio curso de marketing de afiliación.

Resultados: Ha logrado ganar más de $100,000 al mes en ingresos de afiliación, destacándose en nichos como finanzas personales y educación financiera.

Caso de Estudio 3: The Wirecutter

Estrategia Utilizada: The Wirecutter, un sitio de reseñas de productos, utiliza análisis detallados y pruebas exhaustivas para recomendar productos en diversas categorías. Su modelo de negocio se basa en la transparencia y la credibilidad.

Resultados: Adquirido por The New York Times, The Wirecutter genera ingresos significativos a través de enlaces de afiliado, consolidándose como una fuente confiable para recomendaciones de productos.

Conclusión capítulo

El marketing de afiliación es una estrategia poderosa para generar ingresos pasivos y expandir el alcance de los productos y servicios. Al elegir los programas de afiliación adecuados, implementar estrategias efectivas y aprender de casos de estudio exitosos, puedes maximizar tus ingresos y construir una presencia sólida en el mercado digital.

CAPÍTULO 9: ANÁLISIS Y MEDICIÓN DE RESULTADOS

M edir y analizar los resultados de tus campañas de marketing digital es esencial para entender su efectividad y hacer ajustes que mejoren el rendimiento. En este capítulo, exploraremos la importancia de medir el rendimiento, los principales KPIs (Key Performance Indicators) a seguir, el uso de herramientas de análisis y cómo ajustar y mejorar continuamente tus estrategias de marketing.

Importancia de Medir el Rendimiento

Medir el rendimiento de tus esfuerzos de marketing te permite:
- **Evaluar el éxito**: Identificar qué campañas y tácticas están funcionando y cuáles no.
- **Justificar el gasto**: Demostrar el retorno de inversión (ROI) de tus campañas a los stakeholders.
- **Tomar decisiones informadas**: Utilizar datos para guiar tus decisiones de marketing y asignación de recursos.
- **Mejorar continuamente**: Implementar cambios basados en los resultados para optimizar futuras

campañas.

Sin mediciones precisas, las decisiones se basan en suposiciones y corazonadas, lo que puede llevar a desperdiciar recursos y perder oportunidades.

Principales KPIs (Key Performance Indicators)

Los KPIs son métricas clave que te ayudan a evaluar el rendimiento de tus campañas de marketing. Aquí están algunos de los más importantes:

KPIs de Tráfico Web

- **Visitantes Únicos**: Número de individuos únicos que visitan tu sitio web.
- **Páginas por Visita**: Promedio de páginas vistas durante una sola visita.
- **Duración de la Sesión**: Tiempo promedio que un visitante pasa en tu sitio web.
- **Tasa de Rebote**: Porcentaje de visitantes que abandonan el sitio después de ver solo una página.

KPIs de Conversión

- **Tasa de Conversión**: Porcentaje de visitantes que completan una acción deseada (compra, suscripción, etc.).
- **Coste por Conversión (CPC)**: Gasto total en marketing dividido por el número de conversiones.
- **Valor del Ciclo de Vida del Cliente (CLV)**: Valor total que un cliente aporta a lo largo de su relación con tu empresa.

KPIs de Engagement

- **Tasa de Click-Through (CTR)**: Porcentaje de personas que hacen clic en un enlace en comparación con el número total de personas que lo ven.
- **Tasa de Apertura de Email**: Porcentaje de correos electrónicos abiertos en comparación con el número

total de correos enviados.
- **Tasa de Retención de Clientes**: Porcentaje de clientes que siguen comprando o interactuando con la marca durante un periodo de tiempo.

KPIs de Redes Sociales
- **Alcance**: Número de personas que han visto tus publicaciones.
- **Interacciones**: Número de likes, comentarios, compartidos y otras formas de interacción.
- **Crecimiento de Seguidores**: Incremento en el número de seguidores durante un periodo de tiempo.

Uso de Herramientas de Análisis

Existen numerosas herramientas disponibles para ayudarte a medir y analizar los resultados de tus campañas de marketing. Algunas de las más utilizadas incluyen:

Google Analytics
- **Descripción**: Herramienta gratuita de análisis web que proporciona datos detallados sobre el tráfico y comportamiento del usuario.
- **Funciones Clave**:
  - **Paneles de Control Personalizables**: Crea paneles de control personalizados para visualizar métricas importantes.
  - **Informes de Adquisición**: Analiza cómo los usuarios encuentran tu sitio web.
  - **Informes de Comportamiento**: Examina cómo los usuarios interactúan con tu sitio web.
  - **Objetivos y Conversiones**: Configura y rastrea objetivos específicos para medir conversiones.

SEMrush
- **Descripción**: Plataforma integral de marketing digital que ofrece herramientas de SEO, SEM y análisis de

competencia.

- **Funciones Clave**:
    - **Investigación de Palabras Clave**: Encuentra palabras clave relevantes y analiza su rendimiento.
    - **Análisis de Backlinks**: Examina los enlaces entrantes a tu sitio web y los de tus competidores.
    - **Auditoría del Sitio Web**: Identifica problemas técnicos y oportunidades de mejora en SEO.

Hotjar

- **Descripción**: Herramienta de análisis de comportamiento del usuario que proporciona mapas de calor y grabaciones de sesiones.
- **Funciones Clave**:
    - **Mapas de Calor**: Visualiza dónde los usuarios hacen clic, se desplazan y pasan tiempo en tu sitio.
    - **Grabaciones de Sesiones**: Observa las interacciones de los usuarios en tiempo real.
    - **Encuestas y Retroalimentación**: Recoge opiniones directas de los usuarios sobre su experiencia.

HubSpot

- **Descripción**: Plataforma de CRM y marketing que ofrece herramientas de automatización de marketing, análisis y gestión de relaciones con clientes.
- **Funciones Clave**:
    - **Informes de Marketing**: Rastrea y analiza el rendimiento de campañas de marketing.
    - **Automatización de Marketing**: Crea flujos de trabajo automatizados para nutrir leads y mejorar la retención de clientes.
    - **Gestión de Contactos**: Administra y segmenta tu base de datos de contactos para personalizar

tus campañas.

Ajuste y Mejora Continua de Estrategias

La medición y el análisis de resultados no son el final del proceso; son el comienzo de un ciclo continuo de ajuste y mejora.

Análisis de Resultados
- **Revisión Periódica**: Programa revisiones periódicas de los datos para identificar tendencias y patrones.
- **Comparación con Objetivos**: Compara los resultados con los objetivos iniciales para evaluar el éxito de tus campañas.
- **Identificación de Problemas**: Usa los datos para identificar áreas problemáticas que necesitan atención.

Implementación de Cambios
- **Pruebas A/B**: Realiza pruebas A/B para comparar diferentes versiones de tus campañas y determinar cuál funciona mejor.
- **Optimización de Contenido**: Ajusta el contenido en función de los resultados obtenidos para mejorar la relevancia y el engagement.
- **Ajuste de Presupuesto**: Redirige el presupuesto hacia las campañas y canales que muestran el mejor rendimiento.

Aprendizaje Continuo
- **Capacitación**: Mantente al día con las últimas tendencias y técnicas de marketing digital a través de cursos, webinars y lecturas especializadas.
- **Experimentación**: No tengas miedo de probar nuevas ideas y enfoques para descubrir qué funciona mejor para tu audiencia.

Conclusión capítulo

El análisis y la medición de resultados son fundamentales para el éxito de cualquier estrategia de marketing digital. Al comprender la importancia de medir el rendimiento, identificar los KPIs clave, utilizar herramientas de análisis eficaces y ajustar continuamente tus estrategias, puedes maximizar el impacto de tus campañas y alcanzar tus objetivos empresariales.

CAPÍTULO 10: TENDENCIAS FUTURAS EN EL MARKETING DIGITAL

El marketing digital está en constante evolución, impulsado por los avances tecnológicos y los cambios en el comportamiento del consumidor. Comprender las tendencias futuras es crucial para mantenerse competitivo y adaptarse a las nuevas demandas del mercado. En este capítulo, exploraremos algunas de las tendencias más prometedoras en el marketing digital, incluyendo la inteligencia artificial y automatización, el marketing basado en datos, la realidad aumentada y virtual, y presentaremos casos de estudio y predicciones.

Inteligencia Artificial y Automatización

Inteligencia Artificial (IA) en Marketing

La inteligencia artificial está revolucionando el marketing digital al permitir un análisis de datos más preciso, la personalización en tiempo real y la automatización de tareas repetitivas. Algunas aplicaciones de la IA en el marketing incluyen:

- **Chatbots y Asistentes Virtuales**: Los chatbots, impulsados por IA, pueden interactuar con los clientes en tiempo real, responder preguntas frecuentes y guiar a los usuarios a través del proceso de compra.
- **Análisis Predictivo**: La IA puede analizar grandes cantidades de datos para predecir el comportamiento del consumidor y recomendar productos o servicios personalizados.
- **Optimización de Contenidos**: Herramientas de IA pueden ayudar a crear contenido optimizado para SEO, recomendar títulos atractivos y adaptar el contenido a las preferencias de la audiencia.

Automatización del Marketing

La automatización del marketing permite a las empresas gestionar campañas de marketing de manera más eficiente y efectiva. Algunas áreas clave incluyen:

- **Email Marketing Automatizado**: Enviar correos electrónicos personalizados y segmentados basados en el comportamiento del usuario.
- **Segmentación de Audiencias**: Utilizar datos para segmentar automáticamente a los clientes en grupos específicos y dirigir campañas personalizadas.
- **Gestión de Redes Sociales**: Programar y publicar contenido en múltiples plataformas de redes sociales y analizar su rendimiento.

Marketing Basado en Datos (Data-Driven Marketing)

El marketing basado en datos se centra en el uso de datos y

análisis para tomar decisiones de marketing más informadas y efectivas. Algunas estrategias incluyen:

Recopilación de Datos

- **Fuentes de Datos**: Recopilar datos de diversas fuentes, como sitios web, redes sociales, CRM y herramientas de análisis.
- **Big Data**: Utilizar tecnologías de big data para manejar y analizar grandes volúmenes de datos.

Análisis de Datos

- **Análisis de Clientes**: Comprender el comportamiento y las preferencias de los clientes a través del análisis de datos.
- **Segmentación Avanzada**: Dividir a los clientes en segmentos más específicos para dirigir campañas más precisas.

Personalización

- **Experiencias Personalizadas**: Crear experiencias personalizadas para los usuarios basadas en sus interacciones y preferencias.
- **Recomendaciones de Productos**: Utilizar algoritmos para recomendar productos o servicios que sean relevantes para cada usuario.

Realidad Aumentada y Virtual

Realidad Aumentada (AR)

La realidad aumentada superpone elementos digitales en el mundo real, ofreciendo experiencias interactivas y envolventes. Algunas aplicaciones de AR en marketing incluyen:

- **Pruebas Virtuales**: Permitir a los clientes probar productos como ropa, maquillaje o muebles de manera virtual antes de comprarlos.
- **Experiencias Interactivas**: Crear campañas de marketing interactivas que involucren a los usuarios de

manera innovadora.

Realidad Virtual (VR)

La realidad virtual ofrece experiencias completamente inmersivas, transportando a los usuarios a entornos digitales. Algunas aplicaciones de VR en marketing incluyen:

- **Tours Virtuales**: Ofrecer recorridos virtuales de propiedades inmobiliarias, hoteles o destinos turísticos.
- **Eventos Virtuales**: Organizar eventos y ferias comerciales virtuales donde los asistentes puedan interactuar en un entorno digital.

Casos de Estudio y Predicciones

Caso de Estudio 1: Starbucks y la IA

Estrategia Utilizada: Starbucks utiliza inteligencia artificial para personalizar las recomendaciones de productos a través de su aplicación móvil. La IA analiza los hábitos de compra de los usuarios y sugiere bebidas y alimentos que podrían interesarles.

Resultados: Aumento significativo en la satisfacción del cliente y en las ventas de productos personalizados.

Caso de Estudio 2: Sephora y la Realidad Aumentada

Estrategia Utilizada: Sephora implementó una función de realidad aumentada en su aplicación que permite a los usuarios probar virtualmente diferentes productos de maquillaje. Los usuarios pueden ver cómo se verían con diferentes productos antes de realizar una compra.

Resultados: Mejora en la experiencia del usuario, aumento en las tasas de conversión y reducción en las devoluciones de productos.

Predicciones Futuras

- **Mayor Adopción de IA y Automatización**: La IA y la automatización continuarán evolucionando y se integrarán aún más en las estrategias de marketing, permitiendo niveles más altos de personalización y eficiencia.

- **Crecimiento del Marketing Basado en Datos**: El marketing basado en datos se convertirá en la norma, con empresas invirtiendo en tecnologías avanzadas para recopilar y analizar datos de manera más efectiva.
- **Expansión de la Realidad Aumentada y Virtual**: AR y VR se utilizarán cada vez más en el marketing para crear experiencias de usuario únicas y atractivas.

Conclusión capítulo

El futuro del marketing digital está marcado por la innovación tecnológica y la capacidad de adaptarse a las nuevas tendencias y comportamientos del consumidor. La inteligencia artificial, la automatización, el marketing basado en datos y la realidad aumentada y virtual son solo algunas de las tendencias que definirán el marketing digital en los próximos años. Al mantenerse informado y adoptar estas tecnologías, las empresas pueden posicionarse a la vanguardia y asegurar su éxito en el dinámico mundo del marketing digital.

CAPÍTULO 11:
MARKETING MÓVIL

El marketing móvil ha evolucionado rápidamente en los últimos años, convirtiéndose en un componente esencial de las estrategias de marketing digital. Con el aumento del uso de dispositivos móviles, las empresas deben adaptar sus tácticas para atraer y retener a los usuarios móviles. Este capítulo proporciona una visión exhaustiva del marketing móvil, cubriendo su importancia, estrategias clave, optimización y casos de estudio para ilustrar su aplicación efectiva.

Importancia del Marketing Móvil

Crecimiento del Uso Móvil

El uso de dispositivos móviles ha crecido exponencialmente. Según estadísticas recientes, más del 50% del tráfico web global proviene de dispositivos móviles. Esta tendencia ha forzado a las empresas a reconsiderar sus estrategias de marketing para asegurarse de que están capturando a la audiencia móvil. Las aplicaciones móviles y los sitios web optimizados para móviles se han convertido en herramientas cruciales para interactuar con los consumidores.

Beneficios del Marketing Móvil

- **Accesibilidad**: Los dispositivos móviles permiten a los usuarios acceder a información en cualquier momento y lugar, lo que aumenta la oportunidad para las marcas de interactuar con ellos.
- **Personalización**: La capacidad de rastrear la ubicación y el comportamiento del usuario permite una personalización más efectiva de las campañas de marketing.
- **Interacción en Tiempo Real**: Las notificaciones push y los mensajes SMS permiten una comunicación inmediata y directa con los usuarios.

Estrategias para Aplicaciones Móviles

Desarrollo de Aplicaciones Eficaces

Para que una aplicación móvil sea efectiva, debe ser útil, fácil de usar y aportar valor al usuario. A continuación, se detallan algunos pasos clave en el desarrollo de aplicaciones:

1. **Identificación de Necesidades**: Antes de desarrollar una aplicación, es crucial identificar las necesidades del mercado y del público objetivo. Herramientas como encuestas y análisis de competencia pueden ayudar en esta etapa.
2. **Diseño de la UX/UI**: La experiencia del usuario (UX) y la interfaz de usuario (UI) son fundamentales. Un diseño intuitivo y atractivo puede mejorar significativamente la retención de usuarios.
3. **Desarrollo y Pruebas**: La fase de desarrollo debe seguir las mejores prácticas de programación. Las pruebas beta y la retroalimentación del usuario son esenciales para detectar y corregir errores antes del lanzamiento oficial.

Marketing de Aplicaciones

Una vez desarrollada, es importante comercializar la aplicación de manera efectiva:

- **Optimización para Tiendas de Apps (ASO)**: Similar al SEO para sitios web, la optimización en tiendas de aplicaciones (ASO) mejora la visibilidad de la app en las tiendas de aplicaciones. Esto incluye la optimización del título, descripción, palabras clave, capturas de pantalla y videos promocionales.
- **Campañas de Publicidad**: Utilizar plataformas como Google Ads, Facebook Ads y redes específicas de publicidad móvil puede ayudar a promocionar la app.
- **Estrategias de Retención**: Las notificaciones push, los programas de fidelización y las actualizaciones regulares de contenido pueden mantener a los usuarios comprometidos.

Optimización para Dispositivos Móviles

Diseño Responsivo

Un sitio web responsivo ajusta su diseño y contenido según el tamaño de la pantalla del dispositivo. Esto asegura que los usuarios móviles tengan una experiencia de navegación fluida y sin interrupciones.

- **Flexbox y CSS Grid**: Estas herramientas permiten la creación de diseños flexibles que se adaptan a diferentes tamaños de pantalla.
- **Pruebas en Múltiples Dispositivos**: Es esencial probar el sitio web en varios dispositivos y navegadores para asegurarse de que se ve y funciona correctamente en todos ellos.

Velocidad de Carga

La velocidad de carga es crucial para la retención de usuarios móviles. Un retraso de un segundo puede reducir las conversiones en un 7%. Herramientas como Google PageSpeed Insights pueden ayudar a identificar y corregir problemas de velocidad.

- **Optimización de Imágenes**: Comprimir y redimensionar imágenes puede reducir significativamente los tiempos de carga.
- **Minificación de CSS y JavaScript**: Eliminar espacios y comentarios innecesarios del código puede mejorar la velocidad de carga.
- **Uso de CDNs**: Las redes de distribución de contenido (CDNs) pueden mejorar la velocidad de entrega de contenido a los usuarios.

SEO Móvil

El SEO móvil se centra en optimizar el contenido para los motores de búsqueda móviles. Las mejores prácticas incluyen:

- **Uso de AMP (Páginas Móviles Aceleradas)**: AMP es un framework que permite la creación de páginas móviles rápidas.
- **Contenido Optimizado**: El contenido debe ser fácil de leer en dispositivos móviles, utilizando párrafos cortos, encabezados claros y listas con viñetas.
- **Enlaces Internos y Externos**: Asegurarse de que los enlaces sean fáciles de tocar en dispositivos móviles y que lleven a contenido relevante y de alta calidad.

Casos de Estudio

Caso de Estudio 1: Starbucks

Starbucks ha implementado una exitosa estrategia de marketing móvil a través de su aplicación móvil, que incluye:

- **Programa de Lealtad**: La aplicación ofrece un programa de recompensas donde los usuarios pueden ganar estrellas con cada compra, que luego pueden canjear por productos gratuitos.
- **Pagos Móviles**: La capacidad de pagar directamente

desde la aplicación facilita las transacciones y mejora la experiencia del usuario.

- **Personalización**: La aplicación sugiere productos basados en las preferencias del usuario y su historial de compras.

Caso de Estudio 2: Nike

Nike ha utilizado el marketing móvil para aumentar la participación y las ventas a través de varias aplicaciones específicas:

- **Nike Training Club**: Una aplicación de entrenamiento que ofrece programas personalizados de ejercicio y entrenamiento.
- **Nike App**: Una aplicación de compras que proporciona acceso exclusivo a lanzamientos de productos y eventos.
- **Notificaciones Push Personalizadas**: Nike utiliza notificaciones push para enviar ofertas personalizadas y recordatorios de entrenamiento a los usuarios.

Caso de Estudio 3: Domino's Pizza

Domino's ha transformado su negocio con una fuerte estrategia de marketing móvil:

- **Pedidos a Través de la App**: La aplicación móvil de Domino's permite a los usuarios realizar pedidos fácilmente, seguir su pizza en tiempo real y guardar pedidos frecuentes.
- **AnyWare**: Una plataforma que permite a los usuarios pedir pizza a través de una variedad de dispositivos y plataformas, incluyendo Twitter, Alexa y Google Home.
- **Ofertas y Promociones**: La aplicación ofrece ofertas exclusivas y promociones personalizadas basadas en el historial de pedidos del usuario.

Herramientas y Recursos para el Marketing Móvil

Herramientas de Análisis

- **Google Analytics para Móviles**: Permite el seguimiento del comportamiento del usuario móvil en aplicaciones y sitios web.
- **Firebase**: Ofrece análisis en tiempo real, informes de fallos y herramientas de A/B testing para aplicaciones móviles.

Plataformas de Publicidad Móvil

- **Google Ads**: Ofrece campañas específicas para dispositivos móviles.
- **Facebook Ads**: Permite la creación de anuncios optimizados para la audiencia móvil en Facebook e Instagram.
- **AdMob**: Una plataforma de monetización y publicidad móvil para aplicaciones.

Herramientas de ASO

- **App Annie**: Proporciona análisis de mercado y herramientas de optimización para tiendas de aplicaciones.
- **Sensor Tower**: Ofrece datos de rendimiento y estrategias de ASO para mejorar la visibilidad y descargas de aplicaciones.

Futuro del Marketing Móvil

Realidad Aumentada y Virtual

Las tecnologías de realidad aumentada (AR) y realidad virtual (VR) están revolucionando el marketing móvil al ofrecer experiencias inmersivas e interactivas. Por ejemplo, Ikea utiliza AR para permitir a los usuarios visualizar cómo se verán los muebles en sus hogares antes de comprarlos.

Inteligencia Artificial y Chatbots

La inteligencia artificial (IA) y los chatbots están mejorando la personalización y la eficiencia del marketing móvil. Los chatbots pueden proporcionar asistencia inmediata y personalizada a los usuarios, mejorando la experiencia del cliente y aumentando las tasas de conversión.

5G y su Impacto

La llegada de la tecnología 5G promete velocidades de internet significativamente más rápidas y menor latencia, lo que permitirá experiencias móviles más avanzadas y fluidas. Esto incluye transmisión de video de alta calidad, juegos móviles más rápidos y aplicaciones de AR/VR más fluidas.

Conclusión capítulo

El marketing móvil es una herramienta poderosa y esencial en la era digital actual. Con el uso creciente de dispositivos móviles, las empresas que invierten en estrategias móviles efectivas pueden captar y retener mejor a su audiencia. Desde el desarrollo de aplicaciones útiles y atractivas hasta la optimización de sitios web y el uso de tecnologías emergentes como AR y AI, el marketing móvil ofrece innumerables oportunidades para conectar con los consumidores de manera significativa. Implementar y mejorar continuamente estas estrategias permitirá a las empresas mantenerse competitivas y relevantes en un mercado en constante evolución.

Este capítulo proporciona una base sólida para entender y aplicar el marketing móvil. Al seguir estas estrategias y aprender de los casos de estudio, las empresas pueden crear campañas móviles exitosas que impulsen la participación del usuario y las conversiones.

CAPÍTULO 12: VIDEO MARKETING

El video marketing se ha convertido en una de las herramientas más efectivas y populares en el arsenal del marketing digital. Con el aumento del consumo de video en plataformas como YouTube, Facebook, Instagram, y TikTok, las empresas están aprovechando este medio para atraer, educar y convertir a sus audiencias. Este capítulo ofrece una guía exhaustiva sobre video marketing, incluyendo su importancia, estrategias clave, tipos de contenido, plataformas y casos de estudio para ilustrar su uso efectivo.

El Auge del Video Marketing

Estadísticas y Tendencias

El consumo de video online ha crecido exponencialmente en los últimos años. Algunas estadísticas clave incluyen:

- **YouTube**: Más de 2 mil millones de usuarios activos mensuales.
- **Facebook**: Más de 8 mil millones de visualizaciones diarias de videos.
- **Instagram**: Los videos generan un 38% más de engagement que las imágenes.
- **TikTok**: Más de 1 mil millones de usuarios activos

mensuales y crecimiento rápido en popularidad.

Beneficios del Video Marketing

El video marketing ofrece numerosos beneficios que lo hacen indispensable en cualquier estrategia de marketing digital:

- **Aumento del Engagement**: Los videos capturan la atención del usuario más rápidamente y por más tiempo que otros tipos de contenido.
- **Mejora del SEO**: Los videos pueden mejorar significativamente el posicionamiento en los motores de búsqueda.
- **Mayor Conversión**: Las páginas de destino con videos pueden aumentar las conversiones hasta en un 80%.
- **Mejor Comunicación de Mensajes**: El video permite una comunicación más clara y emotiva, ayudando a transmitir mensajes complejos de manera más efectiva.

Estrategias Clave de Video Marketing

Definición de Objetivos

Antes de crear contenido de video, es crucial definir claramente los objetivos de la campaña:

- **Aumentar el Reconocimiento de Marca**: Crear videos que presenten la historia, misión y valores de la empresa.
- **Generar Leads**: Ofrecer contenido valioso a cambio de información de contacto.
- **Incrementar Ventas**: Crear demostraciones de productos, testimonios de clientes y estudios de caso.
- **Mejorar el Engagement**: Publicar contenido entretenido y relevante que fomente la interacción.

Conocimiento del Público Objetivo

Comprender quién es tu audiencia es esencial para crear contenido relevante y atractivo:

- **Demografía**: Edad, género, ubicación, ingresos, etc.

- **Psicografía**: Intereses, valores, estilo de vida, comportamientos.
- **Plataformas Preferidas**: Saber en qué plataformas consume video tu audiencia te ayudará a distribuir el contenido de manera efectiva.

Planificación y Guionización

La planificación es clave para producir videos de alta calidad:

- **Concepto y Mensaje**: Determinar el mensaje central y el concepto creativo del video.
- **Guion**: Escribir un guion detallado que incluya diálogos, acciones y tomas.
- **Storyboard**: Crear un storyboard para visualizar cómo se verá el video y planificar las tomas.

Tipos de Contenido de Video

Videos Educativos y Tutoriales

Los videos educativos y tutoriales son extremadamente populares y útiles para construir la autoridad de marca:

- **Ejemplo**: HubSpot crea videos tutoriales sobre marketing y ventas, atrayendo a una audiencia que busca aprender.

Videos de Demostración de Productos

Mostrar cómo funciona un producto puede influir significativamente en la decisión de compra:

- **Ejemplo**: Apple produce videos detallados que muestran las características y beneficios de sus productos.

Testimonios de Clientes

Los testimonios en video pueden ser muy persuasivos al mostrar experiencias positivas de clientes reales:

- **Ejemplo**: Slack utiliza videos de testimonios de empresas que explican cómo su herramienta ha mejorado su productividad.

Videos de Marca

Estos videos cuentan la historia de la marca, sus valores y su misión:

- **Ejemplo**: Nike crea videos inspiradores que reflejan su misión de fomentar el deporte y la superación personal.

Contenido Entretenido

El contenido entretenido puede generar un alto nivel de engagement y compartir:

- **Ejemplo**: BuzzFeed produce videos divertidos y virales que son ampliamente compartidos en redes sociales.

Plataformas Populares para Video Marketing

YouTube

YouTube es la plataforma de video más grande y ofrece numerosas oportunidades para las marcas:

- **SEO**: Optimizar títulos, descripciones y etiquetas para mejorar el posicionamiento en los resultados de búsqueda.
- **Anuncios de YouTube**: Utilizar TrueView, anuncios in-stream y bumper ads para llegar a una audiencia más amplia.
- **Colaboraciones con Influencers**: Trabajar con YouTubers populares para llegar a sus seguidores.

Facebook

Los videos en Facebook generan un alto nivel de engagement y son ideales para campañas publicitarias:

- **Videos Nativos**: Publicar videos directamente en Facebook en lugar de compartir enlaces de YouTube.
- **Facebook Live**: Utilizar transmisiones en vivo para interactuar en tiempo real con la audiencia.
- **Anuncios en Video**: Crear campañas de video ads dirigidas a segmentos específicos de la audiencia.

Instagram

Instagram es una plataforma visual perfecta para el video marketing:
- **Stories**: Publicar videos cortos y efímeros en las historias de Instagram.
- **IGTV**: Crear videos más largos y detallados que pueden ser guardados en el perfil.
- **Reels**: Utilizar videos cortos y atractivos similares a los de TikTok.

TikTok

TikTok ha ganado una popularidad masiva, especialmente entre los públicos más jóvenes:
- **Contenido Viral**: Crear videos divertidos y creativos que tengan el potencial de volverse virales.
- **Desafíos de Hashtags**: Participar en desafíos populares de hashtags o crear tus propios desafíos.
- **Anuncios en TikTok**: Utilizar anuncios In-Feed, Brand Takeovers y Hashtag Challenges para promocionar productos.

LinkedIn

LinkedIn es ideal para videos profesionales y de negocios:
- **Videos Educativos**: Publicar contenido que aporte valor a la audiencia profesional.
- **Anuncios de Video**: Utilizar anuncios en video para llegar a profesionales y tomadores de decisiones.

Métricas y Análisis

Medición del Éxito

Para evaluar el rendimiento de las campañas de video marketing, es esencial rastrear y analizar las siguientes métricas:
- **Visualizaciones**: El número de veces que el video ha sido visto.
- **Tiempo de Visualización**: La cantidad de tiempo que

los espectadores pasan viendo el video.

- **Engagement**: Likes, comentarios, compartidos y reacciones.
- **Tasa de Retención**: El porcentaje de visualizadores que ven el video hasta el final.
- **Conversiones**: Acciones deseadas realizadas después de ver el video, como clics en enlaces, compras, registros, etc.

Herramientas de Análisis

Existen varias herramientas que pueden ayudar a medir y analizar el rendimiento de los videos:

- **YouTube Analytics**: Proporciona información detallada sobre el rendimiento de los videos en YouTube.
- **Facebook Insights**: Ofrece métricas para videos publicados en Facebook.
- **Google Analytics**: Puede rastrear el tráfico y las conversiones generadas a partir de videos incrustados en sitios web.
- **Wistia**: Una plataforma de alojamiento de videos que ofrece análisis detallados y herramientas de marketing.

Casos de Estudio

Caso de Estudio 1: Dollar Shave Club

Dollar Shave Club lanzó un video de lanzamiento humorístico que se volvió viral, acumulando millones de vistas en poco tiempo. El video presentaba al fundador de la empresa explicando el servicio de suscripción de manera divertida y accesible. Este video no solo aumentó el reconocimiento de la marca, sino que también impulsó significativamente las suscripciones.

Caso de Estudio 2: Blendtec

La serie de videos "Will It Blend?" de Blendtec se convirtió en un fenómeno viral. En estos videos, el fundador de la empresa prueba la durabilidad de sus licuadoras mezclando objetos inusuales como iPhones y pelotas de golf. Estos videos no solo demostraron la calidad del producto de manera entretenida, sino que también aumentaron las ventas y el reconocimiento de la marca.

Caso de Estudio 3: Airbnb

Airbnb utilizó videos emocionales para contar historias de anfitriones y huéspedes, destacando la diversidad y las experiencias únicas que ofrece su plataforma. Estos videos ayudaron a construir una conexión emocional con la audiencia y promovieron la idea de que Airbnb es más que solo alojamiento, es una experiencia comunitaria.

Mejores Prácticas para Video Marketing

Contenido de Calidad

La calidad del video es crucial. Esto incluye tanto la calidad técnica (resolución, iluminación, sonido) como el contenido (guion, actuación, mensaje). Los videos bien producidos son más atractivos y generan mayor engagement.

Optimización para Móviles

Dado que una gran parte del consumo de video ocurre en dispositivos móviles, es importante asegurarse de que los videos estén optimizados para pantallas pequeñas. Esto incluye el uso de subtítulos, formatos verticales y miniaturas atractivas.

Storytelling

El storytelling es una herramienta poderosa en el video marketing. Contar una historia convincente puede captar la atención de la audiencia y hacer que el mensaje sea más memorable. Asegúrate de que cada video tenga una narrativa clara con un principio, desarrollo y conclusión.

Llamadas a la Acción (CTA)

Cada video debe tener una llamada a la acción clara y específica. Esto podría ser un enlace a una página de producto, una solicitud para suscribirse al canal, o una invitación a compartir el video. Las CTAs guían a los espectadores sobre qué hacer a continuación.

Consistencia y Frecuencia

La consistencia es clave para construir una audiencia leal. Publicar videos de manera regular y consistente ayuda a mantener el interés de la audiencia. También es importante ser consistente en la calidad y el tono del contenido.

Futuro del Video Marketing

Realidad Aumentada (AR) y Realidad Virtual (VR)

Las tecnologías de AR y VR están abriendo nuevas posibilidades para el video marketing. Estas tecnologías permiten experiencias inmersivas que pueden atraer a los consumidores de maneras únicas. Por ejemplo, las marcas de moda pueden utilizar AR para permitir a los clientes "probarse" ropa virtualmente.

Videos Interactivos

Los videos interactivos permiten a los espectadores tomar decisiones y participar activamente en el contenido. Esto puede aumentar el engagement y proporcionar una experiencia más personalizada. Por ejemplo, Netflix ha experimentado con videos interactivos en su serie "Black Mirror: Bandersnatch".

Video Shoppable

Los videos shoppable permiten a los espectadores comprar productos directamente desde el video. Esta tendencia está creciendo rápidamente, con plataformas como Instagram y YouTube introduciendo características que facilitan el comercio directo desde el video.

Conclusión capítulo

El video marketing es una herramienta poderosa y versátil que puede transformar la manera en que las empresas interactúan con su audiencia. Con el crecimiento continuo del consumo de video, las empresas que invierten en estrategias de video marketing bien planificadas y ejecutadas pueden obtener ventajas significativas. Al utilizar una combinación de contenido educativo, de producto, de marca y entretenido, y al aprovechar las plataformas y tecnologías adecuadas, las empresas pueden aumentar su reconocimiento de marca, engagement y conversiones.

Este capítulo ha proporcionado una guía exhaustiva para el video marketing, desde la planificación y creación de contenido hasta la medición y análisis de resultados. Al seguir estas estrategias y aprender de los casos de estudio, las empresas pueden implementar campañas de video marketing exitosas que impulsen su negocio y conecten de manera efectiva con su audiencia.

CAPÍTULO 13: MARKETING DE CONTENIDOS AVANZADO

E l marketing de contenidos es una de las estrategias más efectivas para atraer y retener a una audiencia definida, creando y distribuyendo contenido valioso, relevante y consistente. Este capítulo explora en profundidad las técnicas avanzadas de marketing de contenidos, cubriendo desde la creación de contenido evergreen hasta el uso de podcasts y webinars, y la medición de su impacto. Proporcionará ejemplos y casos de estudio para ilustrar su implementación y éxito.

Definición y Importancia del Marketing de Contenidos

Definición

El marketing de contenidos es una estrategia enfocada en la creación y distribución de contenido valioso, relevante y consistente para atraer y retener a una audiencia definida, y, en última instancia, para impulsar acciones rentables por parte de los clientes.

Importancia

El marketing de contenidos se ha convertido en una pieza central de la estrategia de marketing digital de muchas empresas por varias razones:

- **Aumenta el Reconocimiento de Marca**: Producir contenido de calidad ayuda a las empresas a destacar en un mercado saturado.
- **Fomenta el Engagement**: El contenido relevante y valioso puede generar interacciones significativas con los usuarios.
- **Mejora el SEO**: El contenido optimizado para motores de búsqueda puede mejorar la visibilidad en los resultados de búsqueda.
- **Genera Leads**: El contenido valioso puede atraer a nuevos clientes potenciales.
- **Construye Autoridad**: Compartir conocimientos y experiencias posiciona a la marca como líder en su industria.

Estrategias Avanzadas de Marketing de Contenidos

Creación De Contenido Evergreen

¿Qué es el Contenido Evergreen?

El contenido evergreen es contenido que se mantiene relevante y valioso durante un largo período de tiempo, independientemente de las tendencias actuales. Ejemplos incluyen guías, tutoriales, listas de recursos y estudios de caso.

Beneficios del Contenido Evergreen

- **Tráfico Continuo**: Este tipo de contenido puede atraer tráfico constante a lo largo del tiempo.
- **Optimización SEO**: El contenido evergreen bien

optimizado puede mejorar el ranking en motores de búsqueda durante mucho tiempo.

- **Rentabilidad**: Una vez creado, requiere menos actualizaciones y mantenimiento que el contenido basado en tendencias.

Ejemplos de Contenido Evergreen

- **Guías Definitivas**: Como "Guía Definitiva del SEO" de Moz, que sigue siendo relevante y valiosa para los nuevos profesionales del marketing.
- **Tutoriales**: Videos o artículos que enseñan habilidades básicas, como "Cómo configurar Google Analytics".
- **Listas de Recursos**: Recopilaciones de herramientas o recursos útiles que se actualizan ocasionalmente.

Blogging Avanzado

Investigación y Selección de Temas

- **Análisis de Competencia**: Utilizar herramientas como SEMrush o Ahrefs para identificar qué temas están funcionando bien para los competidores.
- **Investigación de Palabras Clave**: Utilizar Google Keyword Planner y otras herramientas para encontrar palabras clave relevantes y con buen volumen de búsqueda.
- **Preguntas Frecuentes**: Usar sitios como Quora o Reddit para identificar las preguntas más comunes de la audiencia.

Creación de Contenido de Alto Valor

- **Profundidad y Detalle**: Asegurarse de que cada publicación de blog ofrezca información detallada y práctica.
- **Uso de Visuales**: Incorporar gráficos, imágenes, infografías y videos para hacer el contenido más atractivo.
- **Citas y Fuentes**: Utilizar estadísticas y citar fuentes

confiables para aumentar la credibilidad.

Publicación y Promoción

- **Calendario Editorial**: Planificar la publicación regular de contenido para mantener a la audiencia comprometida.
- **Promoción en Redes Sociales**: Compartir las publicaciones de blog en plataformas sociales relevantes.
- **Email Marketing**: Utilizar listas de correo para promocionar nuevo contenido a suscriptores.

Uso de Podcasts

Ventajas de los Podcasts

- **Accesibilidad**: Los podcasts permiten a los usuarios consumir contenido mientras realizan otras actividades, como conducir o hacer ejercicio.
- **Personalización**: Los podcasts permiten una conexión más personal y directa con la audiencia.
- **Diversificación**: Ofrecer contenido en diferentes formatos puede atraer a una audiencia más amplia.

Estrategias para Crear un Podcast Exitoso

- **Definir el Nicho y la Audiencia**: Identificar claramente el tema del podcast y la audiencia objetivo.
- **Calidad de Producción**: Invertir en buen equipo de grabación y edición para asegurar una alta calidad de audio.
- **Contenido Valioso y Relevante**: Ofrecer entrevistas con expertos, historias interesantes y consejos prácticos.
- **Consistencia**: Publicar episodios de manera regular para mantener a la audiencia comprometida.

Promoción de Podcasts

- **Plataformas de Podcasting**: Publicar en plataformas populares como Apple Podcasts, Spotify y Google Podcasts.

- **Colaboraciones**: Colaborar con otros podcasters o influencers para llegar a nuevas audiencias.
- **Transcripciones**: Ofrecer transcripciones de los episodios para mejorar el SEO y alcanzar a aquellos que prefieren leer.

Webinars

Beneficios de los Webinars

- **Interacción en Tiempo Real**: Los webinars permiten una comunicación bidireccional con la audiencia.
- **Generación de Leads**: Los asistentes a los webinars a menudo están altamente interesados en el tema, lo que facilita la generación de leads cualificados.
- **Autoridad y Credibilidad**: Presentar webinars posiciona a la marca como experta en su campo.

Planificación y Ejecución de Webinars

- **Selección de Temas**: Elegir temas relevantes y de interés para la audiencia objetivo.
- **Promoción**: Utilizar email marketing, redes sociales y anuncios para atraer asistentes.
- **Interacción**: Incluir sesiones de preguntas y respuestas y encuestas en vivo para fomentar la participación.
- **Grabación y Reutilización**: Grabar los webinars para compartirlos posteriormente y utilizarlos como contenido evergreen.

Medición del Impacto del Marketing de Contenidos

Métricas Clave

Tráfico

- **Visitas a la Página**: El número de visitas que recibe el

contenido.
- **Páginas por Sesión**: La cantidad de páginas que visita un usuario en una sesión.
- **Tasa de Rebote**: El porcentaje de visitantes que abandonan el sitio después de ver una sola página.

Engagement
- **Tiempo en la Página**: La cantidad de tiempo que los usuarios pasan en una página de contenido.
- **Comentarios y Reacciones**: La cantidad de comentarios, likes y shares que recibe el contenido.
- **Backlinks**: La cantidad de enlaces que otras páginas web hacen hacia tu contenido.

Conversiones
- **Tasa de Conversión**: El porcentaje de visitantes que realizan una acción deseada, como registrarse para un boletín o realizar una compra.
- **Generación de Leads**: La cantidad de nuevos leads generados a partir del contenido.
- **Valor de Vida del Cliente (CLV)**: El valor total que un cliente aporta a lo largo de su relación con la empresa.

Herramientas de Análisis

Google Analytics

Google Analytics ofrece una gran cantidad de datos sobre el rendimiento del contenido, incluyendo visitas, tiempo en página, y tasas de conversión. También permite el seguimiento de objetivos específicos y la creación de informes personalizados.

SEMrush

SEMrush proporciona información detallada sobre el rendimiento SEO del contenido, incluyendo el análisis de palabras clave, tráfico orgánico, y backlinks. También ofrece herramientas para realizar auditorías de contenido y comparar el rendimiento con competidores.

Ahrefs

Ahrefs es una herramienta poderosa para el análisis de backlinks, palabras clave y contenido. Permite a los usuarios ver qué contenido está funcionando mejor en términos de enlaces y tráfico, y ofrece sugerencias para mejorar el rendimiento.

HubSpot

HubSpot ofrece una plataforma completa de marketing que incluye herramientas para la creación, distribución y análisis de contenido. Permite el seguimiento de la generación de leads y el análisis del ROI de las campañas de marketing de contenidos.

Casos de Estudio

Caso de Estudio 1: HubSpot

HubSpot ha utilizado el marketing de contenidos de manera efectiva para atraer y retener clientes. A través de su blog, guías, ebooks y webinars, han proporcionado contenido valioso que educa a su audiencia sobre marketing y ventas. Esta estrategia no solo ha ayudado a HubSpot a atraer tráfico significativo a su sitio web, sino también a generar leads cualificados y convertirlos en clientes.

Estrategias Utilizadas

- **Blog de Alta Calidad**: Publican artículos detallados y bien investigados sobre temas relevantes.
- **Contenidos Evergreen**: Crean guías y recursos que siguen siendo útiles y relevantes a lo largo del tiempo.
- **Webinars Interactivos**: Ofrecen webinars sobre temas avanzados, proporcionando valor añadido y fomentando la interacción.

Caso de Estudio 2: Neil Patel

Neil Patel, una autoridad en marketing digital, ha utilizado el marketing de contenidos para construir su marca personal y atraer millones de visitantes a su sitio web. A través de su blog, podcasts y videos, ofrece contenido valioso y práctico que ayuda a los profesionales del marketing a mejorar sus habilidades.

Estrategias Utilizadas

- **Contenido Detallado y Práctico**: Publica artículos exhaustivos que abordan temas complejos de manera accesible.
- **Podcasts y Videos**: Utiliza múltiples formatos de contenido para llegar a una audiencia más amplia.
- **Optimización SEO**: Emplea técnicas avanzadas de SEO para asegurar que su contenido sea fácilmente encontrado por los motores de búsqueda.

Caso de Estudio 3: Buffer

Buffer, una herramienta de gestión de redes sociales, ha utilizado el marketing de contenidos para educar a su audiencia y atraer nuevos usuarios. A través de su blog, recursos educativos y estudios de caso, proporcionan información valiosa que ayuda a los profesionales de redes sociales a mejorar su estrategia.

Estrategias Utilizadas

- **Transparencia**: Comparten información detallada sobre sus propias estrategias y resultados.
- **Recursos Educativos**: Ofrecen guías y ebooks gratuitos sobre temas relevantes de redes sociales.
- **Estudios de Caso**: Publican estudios de caso que demuestran cómo otros han utilizado su herramienta con éxito.

Mejores Prácticas para el Marketing de Contenidos Avanzado

Investigación Y Planificación

Investigación de Competencia

Analizar lo que están haciendo los competidores puede proporcionar ideas valiosas y ayudar a identificar oportunidades de mejora. Herramientas como SEMrush y Ahrefs permiten realizar un análisis detallado del contenido de los competidores.

Identificación de Oportunidades

Utilizar herramientas de análisis de palabras clave para identificar temas y preguntas que no están siendo adecuadamente abordados en tu industria. Esto puede ayudar a encontrar nichos de contenido donde puedes destacarte.

Planificación Estratégica

Desarrollar un calendario editorial que detalle cuándo y cómo se publicará cada pieza de contenido. Esto asegura consistencia y permite una planificación a largo plazo.

Creación De Contenido De Alto Valor

Enfoque en la Calidad

Priorizar la calidad sobre la cantidad. Es mejor publicar menos contenido de alta calidad que una gran cantidad de contenido mediocre. Cada pieza de contenido debe ser útil, relevante y bien investigada.

Variedad de Formatos

Utilizar una variedad de formatos de contenido, como blogs, videos, infografías, podcasts y ebooks, para llegar a diferentes segmentos de la audiencia y mantener el interés.

Colaboración y Co-Creación

Colaborar con otros expertos de la industria, influencers y clientes puede agregar credibilidad y frescura al contenido. Las colaboraciones pueden incluir entrevistas, publicaciones de invitados y co-creación de contenido.

Distribución Y Promoción

Uso de Redes Sociales

Las redes sociales son una herramienta poderosa para promocionar contenido. Es importante compartir el contenido de manera consistente en las plataformas donde se encuentra tu audiencia objetivo. Utilizar anuncios pagados para ampliar el alcance.

Email Marketing

El email marketing sigue siendo una de las formas más efectivas de llegar a la audiencia. Enviar boletines regulares con contenido nuevo y relevante puede mantener a los suscriptores comprometidos y atraer tráfico al sitio web.

SEO y Optimización de Contenidos

Asegurarse de que todo el contenido esté optimizado para motores de búsqueda. Esto incluye la utilización de palabras clave relevantes, la creación de títulos atractivos y meta descripciones, y el uso de enlaces internos y externos.

Reutilización de Contenidos

Reutilizar y reempaquetar el contenido existente en diferentes formatos y para diferentes plataformas puede extender su vida útil y alcance. Por ejemplo, un artículo de blog puede convertirse en una serie de videos, una infografía o un episodio de podcast.

Medición Y Mejora Continua

Análisis Regular

Realizar análisis regulares del rendimiento del contenido utilizando herramientas como Google Analytics, SEMrush y HubSpot. Esto permite identificar qué contenido está funcionando bien y qué áreas necesitan mejora.

Pruebas A/B

Implementar pruebas A/B para experimentar con diferentes formatos, títulos, llamadas a la acción y diseños. Esto puede proporcionar información valiosa sobre lo que resuena mejor con la audiencia.

Feedback de la Audiencia

Solicitar y escuchar el feedback de la audiencia es crucial para la mejora continua. Esto puede incluir encuestas, comentarios en redes sociales y análisis de interacción. Utilizar este feedback para ajustar y mejorar la estrategia de contenido.

Conclusión capítulo

El marketing de contenidos avanzado es una estrategia poderosa que puede impulsar significativamente el éxito de una empresa. Al enfocarse en la creación de contenido de alta calidad y valor, utilizando una variedad de formatos y plataformas, y midiendo continuamente su impacto, las empresas pueden construir una conexión fuerte y duradera con su audiencia. Este capítulo ha proporcionado una guía completa para implementar y optimizar estrategias avanzadas de marketing de contenidos, respaldada por ejemplos y casos de estudio que ilustran su efectividad. Al seguir estas mejores prácticas y aprender de los éxitos de otros, las empresas pueden desarrollar campañas de contenido que no solo atraigan a su audiencia, sino que también generen resultados tangibles y sostenibles.

CAPÍTULO 14: MARKETING DE INFLUENCERS

E l marketing de influencers ha revolucionado la manera en que las marcas se conectan con sus audiencias. Al aprovechar la influencia de personas con una fuerte presencia en redes sociales y otros canales, las empresas pueden alcanzar nuevos públicos de manera más auténtica y efectiva. Este capítulo explorará en detalle las estrategias avanzadas para el marketing de influencers, incluyendo cómo seleccionar a los influencers adecuados, estrategias de colaboración, medición de resultados y ejemplos de campañas exitosas.

Definición e Importancia del Marketing de Influencers

¿Qué es el Marketing de Influencers?

El marketing de influencers es una estrategia que involucra la colaboración entre marcas y personas influyentes (influencers) para promover productos o servicios. Los influencers son individuos con una audiencia considerable y un alto nivel de credibilidad en su nicho o industria. Estas personas tienen la capacidad de influir en las decisiones de compra de sus seguidores debido a la confianza y la relación que han construido con ellos.

Importancia del Marketing de Influencers

- **Autenticidad**: Los influencers pueden presentar productos de una manera auténtica y confiable, lo que puede ser más efectivo que la publicidad tradicional.
- **Alcance**: Permite a las marcas llegar a audiencias más amplias y específicas que podrían no ser alcanzadas a través de otros medios.
- **Engagement**: Las colaboraciones con influencers suelen generar altos niveles de interacción y engagement.
- **Conversión**: Las recomendaciones de los influencers pueden llevar a tasas de conversión más altas debido a la confianza que sus seguidores depositan en ellos.

Estrategias para el Marketing de Influencers

Identificación Y Selección De Influencers

Investigación de Influencers

La identificación de los influencers adecuados es crucial para el éxito de una campaña. Esto puede lograrse a través de:

- **Plataformas de Influencer Marketing**: Herramientas como Upfluence, Traackr, y AspireIQ permiten buscar influencers según criterios específicos.
- **Redes Sociales**: La búsqueda manual en redes sociales puede ayudar a identificar influencers activos y relevantes en tu industria.
- **Análisis de Competencia**: Observar con quién están colaborando tus competidores puede ofrecer pistas sobre influencers relevantes.

Criterios de Selección
- **Relevancia**: Asegúrate de que el influencer esté alineado con tu marca y tu industria.
- **Alcance**: Evalúa el tamaño de la audiencia del influencer, pero no te dejes llevar solo por los números grandes.
- **Engagement**: Analiza el nivel de interacción (likes, comentarios, compartidos) que generan sus publicaciones.
- **Autenticidad**: Verifica que el contenido del influencer sea auténtico y no demasiado comercializado.
- **Valores y Ética**: Asegúrate de que los valores del influencer estén alineados con los de tu marca.

Tipos de Influencers

Mega-Influencers
- **Definición**: Aquellos con más de 1 millón de seguidores.
- **Ventajas**: Alcance masivo, alta visibilidad.
- **Desventajas**: Costos elevados, menor tasa de engagement en comparación con micro y macro influencers.

Macro-Influencers
- **Definición**: Entre 100,000 y 1 millón de seguidores.
- **Ventajas**: Buen equilibrio entre alcance y engagement.
- **Desventajas**: Todavía pueden ser costosos, pero más accesibles que los mega-influencers.

Micro-Influencers
- **Definición**: Entre 1,000 y 100,000 seguidores.
- **Ventajas**: Altas tasas de engagement, costos más bajos, relaciones más estrechas con sus seguidores.
- **Desventajas**: Menor alcance en comparación con

macro y mega-influencers.

Nano-Influencers
- **Definición**: Menos de 1,000 seguidores.
- **Ventajas**: Muy altas tasas de engagement, extremadamente auténticos, costos muy bajos.
- **Desventajas**: Alcance limitado.

Estrategias de Colaboración

Contenido Patrocinado

Una de las formas más comunes de colaboración es a través de publicaciones patrocinadas en las redes sociales del influencer. Esto puede incluir:
- **Publicaciones en Instagram**: Fotos o videos promocionando el producto.
- **Historias de Instagram**: Publicaciones efímeras que pueden incluir enlaces directos.
- **Videos en YouTube**: Reseñas detalladas o unboxing de productos.
- **Tweets**: Mensajes breves y directos en Twitter.

Toma de Control de Redes Sociales

Permitir que un influencer tome el control de las cuentas de redes sociales de la marca por un día o durante un evento puede crear contenido fresco y auténtico, así como atraer a la audiencia del influencer.

Creación de Contenido Conjunto

Colaborar con influencers para crear contenido conjunto puede ser muy efectivo. Esto puede incluir:
- **Blogs Invitados**: Publicaciones de blog escritas por el influencer en el sitio web de la marca.
- **Webinars y Lives**: Transmisiones en vivo o seminarios web conjuntos.
- **Eventos**: Participación del influencer en eventos de la marca.

Programas de Embajadores de Marca

Los embajadores de marca son influencers que tienen una relación continua y a largo plazo con la marca. Actúan como representantes oficiales y promueven regularmente los productos o servicios de la marca.

Concursos y Sorteos

Los influencers pueden organizar concursos o sorteos en colaboración con la marca para aumentar la visibilidad y el engagement. Estos pueden incluir:

- **Etiquetar a amigos**: Los seguidores deben etiquetar a amigos en la publicación del concurso.
- **Compartir publicaciones**: Incentivar a los seguidores a compartir contenido para participar.

Medición y Análisis de Resultados

Métricas Clave

Alcance y Visibilidad

- **Impresiones**: El número de veces que se muestra el contenido del influencer.
- **Alcance**: El número de personas únicas que ven el contenido.

Engagement

- **Likes, Comentarios y Compartidos**: La cantidad de interacciones con el contenido.
- **Tasa de Engagement**: El porcentaje de interacciones en relación con el número de seguidores del influencer.

Conversión y ROI

- **Clics**: El número de clics en los enlaces promocionados por el influencer.
- **Conversiones**: El número de acciones deseadas (compras, registros, descargas) realizadas por la audiencia.

- **ROI**: Retorno de la inversión, calculado como la ganancia generada por la campaña en relación con el costo.

Herramientas De Análisis

Google Analytics

Permite rastrear el tráfico y las conversiones generadas a partir de enlaces compartidos por los influencers.

Hootsuite y Sprout Social

Herramientas de gestión de redes sociales que ofrecen análisis detallados sobre el rendimiento de las publicaciones.

Traackr y Upfluence

Plataformas específicas de marketing de influencers que proporcionan métricas y análisis detallados sobre las campañas de influencers.

Ajustes y Optimización

- **Análisis Continuo**: Realizar análisis regulares para identificar qué está funcionando y qué no.
- **Ajustes en Tiempo Real**: Estar preparado para ajustar la estrategia en función de los datos y feedback recibidos.
- **Feedback del Influencer**: Involucrar a los influencers en el proceso de optimización, ya que tienen una comprensión profunda de su audiencia.

Casos de Estudio

Caso de Estudio 1: Daniel Wellington

Daniel Wellington, la marca de relojes, ha utilizado de manera efectiva el marketing de influencers para construir su marca desde cero. Colaboraron con miles de micro y macro-influencers en Instagram, quienes promocionaron los relojes utilizando códigos de descuento personalizados.

Estrategias Utilizadas

- **Micro y Macro-Influencers**: Utilizar una gran cantidad de influencers para alcanzar una amplia audiencia.
- **Códigos de Descuento**: Incentivar a los seguidores a realizar compras mediante descuentos.
- **Contenido Visual Atractivo**: Crear una estética coherente y atractiva que resonara con su audiencia objetivo.

Resultados

- **Crecimiento Exponencial**: Daniel Wellington creció rápidamente de una pequeña startup a una marca reconocida mundialmente.
- **Aumento de Ventas**: La estrategia de influencers generó un alto volumen de ventas y reconocimiento de marca.

Caso de Estudio 2: Glossier

Glossier, una marca de belleza, ha construido su éxito en gran parte gracias al marketing de influencers. Utilizaron tanto a micro-influencers como a sus propios clientes para crear una comunidad auténtica y comprometida.

Estrategias Utilizadas

- **Micro-Influencers y Clientes**: Aprovechar la autenticidad de micro-influencers y clientes reales.
- **UGC (Contenido Generado por Usuarios)**: Fomentar que los usuarios compartan sus propias experiencias con los productos.
- **Relación Continua**: Mantener relaciones a largo plazo con influencers y clientes para fomentar la lealtad.

Resultados

- **Engagement Elevado**: Las campañas generaron altos niveles de engagement y comunidad alrededor de la marca.
- **Crecimiento de la Comunidad**: Glossier construyó una

comunidad fuerte y leal que actúa como defensora de la marca.

Caso de Estudio 3: Coca-Cola y #ShareACoke

La campaña #ShareACoke de Coca-Cola es un excelente ejemplo de cómo una gran marca puede utilizar el marketing de influencers para conectar de manera más personal con su audiencia.

Estrategias Utilizadas

- **Personalización**: Colocar nombres comunes en las etiquetas de las botellas de Coca-Cola para incentivar a los consumidores a compartir fotos.
- **Macro-Influencers**: Colaborar con influencers populares para promocionar la campaña y llegar a una audiencia masiva.
- **UGC (Contenido Generado por Usuarios)**: Incentivar a los consumidores a compartir fotos de sus botellas personalizadas en redes sociales.

Resultados

- **Participación Masiva**: La campaña generó millones de interacciones en redes sociales.
- **Aumento de Ventas**: Incremento significativo en las ventas de Coca-Cola durante la campaña.

Mejores Prácticas para el Marketing de Influencers

Investigación Y Selección Cuidadosa

Evaluación de la Audiencia

Asegúrate de que la audiencia del influencer coincide con tu público objetivo. Herramientas de análisis de redes sociales pueden ayudar a evaluar la demografía y los intereses de los seguidores del influencer.

Revisión de Historial

Revisa el historial de publicaciones del influencer para asegurarte de que sus valores y estilo de comunicación estén alineados con los de tu marca.

Pruebas de Micro-Influencers

Considera iniciar con micro-influencers para probar el impacto antes de invertir en macro o mega-influencers. Esto puede proporcionar una visión valiosa a un costo menor.

Transparencia Y Autenticidad

Disclosure Claro

Asegúrate de que todas las colaboraciones sean transparentes y que el influencer revele que el contenido es patrocinado. Esto no solo es una buena práctica, sino que también cumple con las regulaciones de la FTC y otras entidades reguladoras.

Autenticidad en el Contenido

Permite a los influencers crear contenido en su propio estilo para mantener la autenticidad. Las audiencias pueden detectar contenido forzado o no genuino, lo que puede dañar tanto al influencer como a la marca.

Estrategia De Contenido

Contenido Diversificado

Utiliza una variedad de formatos de contenido para mantener el interés y alcanzar a diferentes segmentos de la audiencia. Esto puede incluir publicaciones en redes sociales, videos, blogs, y más.

Calendario de Publicación

Desarrolla un calendario de contenido detallado para planificar y coordinar las publicaciones del influencer. Esto asegura consistencia y maximiza el impacto.

Involucrar a la Comunidad

Fomenta la participación de la audiencia a través de concursos, sorteos y campañas de hashtags. Esto no solo aumenta la visibilidad sino que también fortalece la comunidad alrededor de la marca.

Medición Y Optimización

Análisis Detallado

Utiliza herramientas avanzadas de análisis para medir el rendimiento de cada campaña de influencer. Esto incluye el seguimiento de métricas clave como alcance, engagement y conversiones.

Feedback y Ajustes

Recoge feedback tanto de los influencers como de la audiencia para identificar áreas de mejora. Realiza ajustes en tiempo real para optimizar los resultados.

ROI

Calcula el ROI de cada campaña para evaluar su efectividad. Esto ayuda a justificar la inversión y a planificar futuras estrategias de marketing de influencers.

Futuro del Marketing de Influencers

Micro y Nano-Influencers

La tendencia hacia los micro y nano-influencers continuará creciendo, ya que ofrecen tasas de engagement más altas y una conexión más auténtica con su audiencia.

Influencia de la IA y los Datos

La inteligencia artificial y el análisis de datos desempeñarán un papel cada vez más importante en la identificación y gestión de influencers. Herramientas avanzadas permitirán una selección más precisa y una medición más detallada del impacto.

Contenido de Video y AR

El contenido de video y las tecnologías de realidad aumentada

(AR) se convertirán en herramientas esenciales en el marketing de influencers, ofreciendo experiencias más inmersivas y atractivas para la audiencia.

Transparencia y Autenticidad

La demanda de transparencia y autenticidad por parte de los consumidores seguirá creciendo. Las marcas deberán enfocarse en construir relaciones genuinas y a largo plazo con los influencers.

Conclusión capítulo

El marketing de influencers es una estrategia poderosa que puede ayudar a las marcas a conectarse con su audiencia de manera más auténtica y efectiva. Al seleccionar cuidadosamente a los influencers adecuados, desarrollar estrategias de colaboración sólidas, y medir y optimizar los resultados, las empresas pueden aprovechar el poder de la influencia para alcanzar sus objetivos de marketing. Este capítulo ha proporcionado una guía exhaustiva para implementar y optimizar estrategias avanzadas de marketing de influencers, respaldada por ejemplos y casos de estudio que ilustran su efectividad. Al seguir estas mejores prácticas y adaptarse a las tendencias emergentes, las marcas pueden desarrollar campañas de influencer marketing que no solo atraigan a su audiencia, sino que también generen resultados tangibles y sostenibles.

CAPÍTULO 15:
BRANDING Y
REPUTACIÓN ONLINE

El branding y la reputación online son pilares fundamentales para el éxito de cualquier empresa en la era digital. Una marca sólida y una reputación positiva pueden diferenciar a una empresa de sus competidores y establecer una conexión profunda y duradera con los consumidores. Este capítulo ofrece una guía completa sobre cómo construir y mantener una marca poderosa y una reputación impecable en línea. Exploraremos desde los fundamentos del branding hasta las estrategias avanzadas de gestión de la reputación online, con ejemplos y casos de estudio para ilustrar su aplicación efectiva.

Definición e Importancia del Branding

¿Qué es el Branding?

El branding es el proceso de crear una identidad única para una empresa o producto. Incluye elementos tangibles como el nombre, el logotipo, el eslogan y los colores, así como aspectos intangibles como la misión, los valores y la personalidad de la marca. El objetivo del branding es establecer una imagen y una percepción positiva en la mente de los consumidores.

Importancia del Branding

- **Reconocimiento de Marca**: Una marca fuerte facilita que los consumidores identifiquen y recuerden un producto o servicio.
- **Lealtad del Cliente**: Las marcas que crean una conexión emocional con los consumidores pueden generar lealtad a largo plazo.
- **Ventaja Competitiva**: Una identidad de marca única puede diferenciar a una empresa de sus competidores.
- **Valor Percibido**: Un branding efectivo puede aumentar el valor percibido de un producto o servicio, permitiendo a la empresa cobrar precios premium.
- **Consistencia**: Una marca bien definida proporciona una base consistente para todas las actividades de marketing y comunicación.

Elementos Clave del Branding

Identidad Visual

La identidad visual de una marca incluye todos los elementos gráficos que la representan, como el logotipo, los colores, la tipografía y el diseño de los materiales de marketing.

- **Logotipo**: El logotipo es el símbolo gráfico que representa a la marca. Debe ser único, memorable y reflejar la personalidad de la marca.
- **Colores**: Los colores de la marca deben ser seleccionados cuidadosamente para evocar las emociones y asociaciones correctas.
- **Tipografía**: La tipografía utilizada en todos los materiales de la marca debe ser consistente y reflejar la personalidad de la marca.
- **Diseño**: El diseño de los materiales de marketing, como el sitio web, los folletos y los anuncios, debe ser coherente y estéticamente atractivo.

Voz y Tono de la Marca

La voz y el tono de la marca se refieren a la manera en que la marca se comunica con su audiencia. Esto incluye el lenguaje, el estilo y la actitud que se utilizan en todas las comunicaciones de la marca.

- **Voz de la Marca**: La voz de la marca es la personalidad de la empresa expresada en las comunicaciones. Puede ser formal, informal, profesional, amigable, etc.
- **Tono de la Marca**: El tono de la marca varía según el contexto y la audiencia. Puede ser más serio en comunicaciones oficiales y más casual en redes sociales.

Mensaje de la Marca

El mensaje de la marca incluye la misión, los valores y las promesas que la marca hace a sus clientes. Este mensaje debe ser claro, consistente y reflejar los objetivos y la filosofía de la empresa.

- **Misión**: La misión de la marca es la razón de ser de la empresa, su propósito fundamental.
- **Valores**: Los valores de la marca son los principios y creencias que guían las acciones y decisiones de la empresa.
- **Propuesta de Valor**: La propuesta de valor es lo que diferencia a la marca de sus competidores y explica por qué los clientes deberían elegir sus productos o servicios.

Estrategias de Branding

Investigación Y Análisis

Análisis de la Competencia

El análisis de la competencia es esencial para identificar las fortalezas y debilidades de las marcas competidoras y encontrar oportunidades de diferenciación.

- **Identificación de Competidores**: Determinar quiénes son los principales competidores en el mercado.
- **Evaluación de Estrategias**: Analizar las estrategias de branding de los competidores, incluyendo su identidad visual, voz, tono y mensaje.
- **Diferenciación**: Identificar oportunidades para diferenciar tu marca de las competidoras.

Investigación de Mercado

La investigación de mercado ayuda a entender las necesidades, deseos y percepciones de los consumidores. Esto incluye encuestas, grupos focales y análisis de datos.

- **Percepción de Marca**: Evaluar cómo los consumidores perciben tu marca en comparación con los competidores.
- **Preferencias del Consumidor**: Identificar las preferencias y comportamientos de los consumidores.
- **Tendencias del Mercado**: Analizar las tendencias del mercado y cómo pueden impactar en tu estrategia de branding.

Desarrollo De La Identidad De Marca

Creación del Logotipo y la Identidad Visual

El diseño del logotipo y la identidad visual debe ser llevado a cabo por diseñadores profesionales que comprendan la misión y los valores de la marca.

- **Diseño del Logotipo**: Crear un logotipo que sea único, memorable y representativo de la marca.
- **Paleta de Colores**: Seleccionar una paleta de colores que evoque las emociones y asociaciones correctas.
- **Guía de Estilo**: Desarrollar una guía de estilo que detalle cómo se debe utilizar la identidad visual en todos los materiales de marketing.

Desarrollo de la Voz y Tono de la Marca

La voz y el tono de la marca deben ser consistentes en todas las comunicaciones.

- **Documento de Voz y Tono**: Crear un documento que describa la voz y el tono de la marca y cómo deben aplicarse en diferentes contextos.
- **Entrenamiento del Equipo**: Asegurarse de que todos los miembros del equipo de marketing y comunicación comprendan y utilicen la voz y el tono de la marca de manera consistente.

Implementación Y Gestión De La Marca

Consistencia en Todos los Canales

La consistencia es clave para construir una identidad de marca fuerte y reconocible.

- **Materiales de Marketing**: Asegurarse de que todos los materiales de marketing, incluidos los anuncios, el sitio web, las redes sociales y los folletos, sigan la guía de estilo de la marca.
- **Comunicación Interna**: Mantener una comunicación clara y coherente dentro de la empresa para asegurar que todos los empleados comprendan y promuevan la identidad de la marca.

Evaluación y Ajuste

La evaluación continua y el ajuste de la estrategia de branding son esenciales para mantener su relevancia y efectividad.

- **Feedback de los Consumidores**: Recoger y analizar el feedback de los consumidores para identificar áreas de mejora.
- **Análisis de Métricas**: Utilizar herramientas de análisis para evaluar el rendimiento de la marca en términos de reconocimiento, lealtad y percepción.
- **Ajustes Estrategicos**: Realizar ajustes en la estrategia

de branding en función de los datos y el feedback recibido.

Reputación Online

¿Qué es la Reputación Online?
La reputación online se refiere a la percepción pública de una empresa o individuo basada en la información disponible en internet. Incluye opiniones, comentarios, reseñas y cualquier otra forma de contenido generado por los usuarios.

Importancia de la Reputación Online
- **Confianza del Consumidor**: Una reputación positiva construye confianza y credibilidad entre los consumidores.
- **Influencia en las Decisiones de Compra**: Las opiniones y reseñas en línea pueden influir significativamente en las decisiones de compra.
- **Impacto en el SEO**: Las reseñas y menciones positivas pueden mejorar el posicionamiento en los motores de búsqueda.
- **Gestión de Crisis**: Una buena reputación online puede ayudar a mitigar el impacto de las crisis y problemas.

Estrategias de Gestión de la Reputación Online

Monitoreo Y Análisis

Herramientas de Monitoreo
Utilizar herramientas de monitoreo para seguir lo que se dice sobre tu marca en línea.
- **Google Alerts**: Configurar alertas para recibir notificaciones cuando tu marca es mencionada en

línea.

- **Hootsuite y Mention**: Herramientas que permiten monitorear las menciones de tu marca en redes sociales y otros sitios web.
- **ReviewTrackers**: Plataforma para monitorear y analizar reseñas en sitios como Yelp, Google My Business y TripAdvisor.

Análisis de Sentimiento

El análisis de sentimiento ayuda a entender si las menciones de tu marca son positivas, negativas o neutras.

- **Herramientas de Análisis de Sentimiento**: Utilizar herramientas como Brandwatch o Talkwalker para analizar el sentimiento detrás de las menciones de tu marca.
- **Interpretación de Datos**: Evaluar los datos de análisis de sentimiento para identificar patrones y áreas de mejora.

Gestión De Reseñas Y Opiniones

Respuesta a Reseñas Positivas y Negativas

Responder a las reseñas es esencial para mostrar que valoras la opinión de tus clientes y para gestionar la reputación de tu marca.

- **Reseñas Positivas**: Agradecer a los clientes por sus comentarios positivos y animarles a seguir apoyando a la marca.
- **Reseñas Negativas**: Responder de manera profesional y constructiva, ofreciendo soluciones y mostrando disposición a resolver problemas.

Fomento de Reseñas

Fomentar activamente a los clientes a dejar reseñas puede ayudar a construir una reputación positiva.

- **Solicitudes Directas**: Pedir a los clientes satisfechos que dejen reseñas en sitios específicos.

- **Incentivos**: Ofrecer incentivos, como descuentos o entradas a sorteos, para aquellos que dejen reseñas.

Gestión De Crisis

Preparación para la Crisis

Tener un plan de gestión de crisis es esencial para mitigar el impacto negativo en la reputación de la marca.

- **Plan de Comunicación de Crisis**: Desarrollar un plan que detalle los pasos a seguir en caso de una crisis, incluyendo la designación de portavoces y la preparación de mensajes clave.
- **Entrenamiento del Equipo**: Asegurarse de que todos los miembros del equipo estén capacitados para manejar situaciones de crisis de manera efectiva.

Respuesta a la Crisis

Responder rápidamente y de manera transparente es crucial para gestionar una crisis de reputación.

- **Reconocimiento del Problema**: Reconocer la situación y comunicar los pasos que se están tomando para resolverla.
- **Transparencia**: Ser transparente sobre lo que ocurrió, por qué ocurrió y cómo se solucionará.
- **Comunicación Continua**: Mantener informada a la audiencia con actualizaciones regulares hasta que la crisis esté completamente resuelta.

Casos de Estudio

Caso de Estudio 1: Apple
Estrategia de Branding

Apple ha construido una de las marcas más reconocidas y valiosas del mundo a través de una estrategia de branding cuidadosamente diseñada.

- **Identidad Visual**: Un logotipo simple y reconocible, una paleta de colores limpia y un diseño minimalista.
- **Mensaje de Marca**: Innovación, calidad y diseño.
- **Experiencia del Cliente**: Enfocarse en ofrecer una experiencia superior al cliente, tanto en productos como en servicios.

Gestión de Reputación

Apple ha manejado eficazmente su reputación online a través de respuestas rápidas y proactivas a los problemas.

- **Respuestas Rápidas**: Actuar rápidamente para abordar problemas, como el famoso "Antennagate" del iPhone 4.
- **Transparencia**: Comunicarse abiertamente con los clientes sobre los problemas y las soluciones implementadas.

Caso de Estudio 2: Starbucks

Estrategia de Branding

Starbucks ha construido una marca fuerte y coherente a través de un enfoque en la calidad, la comunidad y la experiencia del cliente.

- **Identidad Visual**: Un logotipo icónico, una paleta de colores distintiva y un diseño coherente en todas las tiendas.
- **Mensaje de Marca**: Calidad del café, experiencia del cliente y responsabilidad social.
- **Iniciativas Comunitarias**: Fomentar un sentido de comunidad a través de eventos y programas de responsabilidad social.

Gestión de Reputación

Starbucks ha manejado eficazmente su reputación online mediante la interacción activa con los clientes y la gestión de crisis.

- **Interacción Activa**: Responder a los comentarios y sugerencias de los clientes en redes sociales.
- **Gestión de Crisis**: Manejar crisis de manera proactiva,

como en el caso de las acusaciones de discriminación racial en 2018, donde la compañía cerró todas sus tiendas para realizar una capacitación sobre prejuicios raciales.

Caso de Estudio 3: Patagonia
Estrategia de Branding
Patagonia ha construido una marca sólida centrada en la sostenibilidad y la responsabilidad ambiental.

- **Identidad Visual**: Un logotipo simple y una paleta de colores que refleja la naturaleza.
- **Mensaje de Marca**: Compromiso con la sostenibilidad y la protección del medio ambiente.
- **Transparencia y Responsabilidad**: Ser transparente sobre sus prácticas y comprometerse con la responsabilidad social y ambiental.

Gestión de Reputación
Patagonia ha manejado su reputación online a través de la autenticidad y el compromiso con sus valores.

- **Autenticidad**: Comunicar de manera auténtica sus esfuerzos en sostenibilidad y responsabilidad social.
- **Compromiso**: Involucrarse activamente en causas ambientales y sociales, y ser transparente sobre sus esfuerzos y logros.

Mejores Prácticas para Branding y Gestión de Reputación Online

Coherencia Y Autenticidad

Coherencia en Todos los Canales
Mantener una identidad de marca coherente en todos los canales

de comunicación es crucial para construir una imagen de marca fuerte y reconocible.

- **Guía de Estilo de Marca**: Desarrollar y seguir una guía de estilo de marca que detalle cómo se debe presentar la marca en todos los canales.
- **Comunicación Interna**: Asegurarse de que todos los empleados comprendan y sigan la guía de estilo de la marca.

Autenticidad en la Comunicación

Ser auténtico y transparente en todas las comunicaciones ayuda a construir confianza y credibilidad con los consumidores.

- **Mensaje Claro y Honesto**: Comunicar de manera clara y honesta sobre los productos, servicios y valores de la marca.
- **Responsabilidad Social**: Comprometerse genuinamente con la responsabilidad social y ambiental.

Interacción Activa Con La Audiencia

Respuesta a Comentarios y Reseñas

Responder a los comentarios y reseñas de los clientes de manera oportuna y profesional muestra que valoras su opinión y estás dispuesto a mejorar.

- **Respuestas Personalizadas**: Evitar respuestas genéricas y ofrecer respuestas personalizadas que aborden directamente las preocupaciones de los clientes.
- **Soluciones Proactivas**: Ofrecer soluciones proactivas a los problemas planteados por los clientes.

Involucrar a la Comunidad

Fomentar una comunidad activa y comprometida alrededor de la marca puede fortalecer la lealtad del cliente y mejorar la reputación online.

- **Eventos y Actividades**: Organizar eventos y

actividades que involucren a la comunidad y promuevan la participación.

- **Programas de Fidelización**: Implementar programas de fidelización que recompensen a los clientes por su lealtad y participación.

Monitorización y Mejora Continua

Herramientas de Monitorización

Utilizar herramientas de monitorización para seguir lo que se dice sobre tu marca en línea y responder de manera oportuna a las menciones y comentarios.

- **Alertas y Notificaciones**: Configurar alertas y notificaciones para recibir actualizaciones en tiempo real sobre menciones de la marca.
- **Análisis de Datos**: Utilizar análisis de datos para identificar tendencias y áreas de mejora.

Evaluación y Ajuste

Evaluar continuamente el rendimiento de la estrategia de branding y reputación online y realizar ajustes en función de los datos y el feedback recibido.

- **Encuestas de Satisfacción**: Realizar encuestas de satisfacción para recoger feedback directo de los clientes.
- **Análisis de Métricas**: Utilizar herramientas de análisis para evaluar las métricas clave y realizar ajustes estratégicos.

Conclusión capítulo

El branding y la reputación online son elementos esenciales para el éxito de cualquier empresa en la era digital. Construir una marca fuerte y coherente y mantener una reputación positiva requiere un enfoque estratégico y un compromiso constante con la calidad, la autenticidad y la interacción activa con la audiencia. Este capítulo ha proporcionado una guía completa para implementar y optimizar estrategias avanzadas de branding y gestión de la reputación online, respaldada por ejemplos y casos de estudio que ilustran su efectividad. Al seguir estas mejores prácticas y adaptarse a las tendencias emergentes, las empresas pueden construir una identidad de marca poderosa y una reputación impecable que impulsen su éxito a largo plazo.

CAPÍTULO 16: ESTRATEGIAS DE RETARGETING

El retargeting es una técnica de marketing digital que permite a las marcas volver a conectar con usuarios que han interactuado previamente con su sitio web o contenido, pero que no han completado una conversión deseada, como una compra o un registro. Esta estrategia se basa en mostrar anuncios personalizados a estos usuarios mientras navegan por otros sitios web o redes sociales. El retargeting puede ser extremadamente efectivo para aumentar las conversiones y maximizar el retorno de inversión (ROI) de las campañas de marketing. En este capítulo, exploraremos en profundidad las estrategias avanzadas de retargeting, incluyendo sus beneficios, tipos, mejores prácticas y ejemplos de campañas exitosas.

Definición e Importancia del Retargeting

¿Qué es el Retargeting?

El retargeting, también conocido como remarketing, es una forma de publicidad en línea que se centra en los usuarios que han interactuado con un sitio web, aplicación o contenido digital sin completar una acción específica. Utiliza cookies y otras tecnologías de seguimiento para identificar a estos usuarios y mostrarles anuncios personalizados mientras navegan por la web o utilizan redes sociales.

Importancia del Retargeting

- **Incremento de Conversión**: Los usuarios que ya han mostrado interés en un producto o servicio son más propensos a convertir cuando se les vuelve a mostrar anuncios relevantes.
- **Recuperación de Carritos Abandonados**: El retargeting es efectivo para recuperar ventas perdidas de usuarios que abandonaron sus carritos de compra sin completar la compra.
- **Mejora del ROI**: Al dirigirse a usuarios que ya han mostrado interés, las campañas de retargeting suelen tener un ROI más alto en comparación con otras formas de publicidad.
- **Aumento de la Conciencia de Marca**: Permite mantener a la marca en la mente de los consumidores, incluso después de que hayan abandonado el sitio web.

Tipos de Retargeting

Retargeting Basado En Sitios Web

Funcionamiento

El retargeting basado en sitios web utiliza cookies para rastrear a los visitantes de un sitio web y mostrarles anuncios personalizados en otros sitios web o redes sociales. Cuando un usuario visita una página web, se coloca una cookie en su navegador. Luego, cuando el usuario navega por otros sitios web, la cookie permite que se le muestren anuncios relevantes.

Estrategias

- **Segmentación por Páginas Visitadas**: Mostrar

anuncios basados en las páginas específicas que el usuario ha visitado. Por ejemplo, si un usuario visitó una página de producto, se le pueden mostrar anuncios de ese producto.

- **Recuperación de Carritos Abandonados**: Mostrar anuncios a usuarios que han agregado productos al carrito de compra pero no completaron la transacción, incentivándolos a regresar y finalizar la compra.
- **Frecuencia de Anuncios**: Controlar la frecuencia con la que se muestran los anuncios para evitar la saturación y el desgaste del usuario.

Retargeting Basado En Redes Sociales

Funcionamiento

El retargeting en redes sociales utiliza las plataformas publicitarias de redes sociales como Facebook, Instagram, LinkedIn y Twitter para mostrar anuncios personalizados a los usuarios que han interactuado con el sitio web o contenido de la marca.

Estrategias

- **Anuncios de Productos Dinámicos**: Mostrar anuncios que presentan productos específicos que el usuario ha visto o agregado al carrito en el sitio web, utilizando catálogos de productos dinámicos.
- **Segmentación de Audiencia**: Utilizar las capacidades de segmentación avanzada de las redes sociales para dirigir anuncios a usuarios basados en su comportamiento y características demográficas.
- **Contenido de Valor Añadido**: Crear anuncios que ofrezcan contenido adicional de valor, como guías, ebooks o descuentos exclusivos, para atraer a los usuarios de vuelta al sitio web.

Retargeting Por Email

Funcionamiento

El retargeting por email implica enviar correos electrónicos personalizados a los usuarios que han interactuado con el sitio web pero no han completado una conversión deseada. Estos correos electrónicos pueden incluir recordatorios de carritos abandonados, recomendaciones de productos o ofertas especiales.

Estrategias

- **Correos de Carrito Abandonado**: Enviar correos electrónicos automáticos a los usuarios que han abandonado sus carritos, recordándoles los productos que dejaron y ofreciendo incentivos para completar la compra.
- **Recomendaciones de Productos**: Utilizar el historial de navegación y compras del usuario para enviar recomendaciones de productos personalizados.
- **Ofertas Especiales**: Enviar correos electrónicos con ofertas exclusivas, descuentos o promociones para incentivar a los usuarios a regresar y convertir.

Retargeting Basado En Búsqueda

Funcionamiento

El retargeting basado en búsqueda, también conocido como remarketing de búsqueda, muestra anuncios a los usuarios que han buscado términos específicos en motores de búsqueda como Google, y luego han visitado el sitio web sin convertir.

Estrategias

- **Segmentación por Palabras Clave**: Mostrar anuncios basados en las palabras clave específicas que los usuarios han buscado antes de visitar el sitio web.
- **Anuncios Personalizados**: Crear anuncios personalizados que aborden directamente las necesidades y preguntas de los usuarios basadas en sus términos de búsqueda.

- **Ajustes de Puja**: Ajustar las pujas para los anuncios de búsqueda retargeting para maximizar el ROI y alcanzar a los usuarios más propensos a convertir.

Estrategias Avanzadas de Retargeting

Segmentación Avanzada

Segmentación por Comportamiento

Dividir a los usuarios en segmentos basados en su comportamiento en el sitio web, como las páginas visitadas, el tiempo de permanencia, las acciones realizadas y las interacciones específicas.

- **Visitantes de Páginas Clave**: Segmentar a los usuarios que han visitado páginas específicas, como páginas de producto o servicios, para mostrar anuncios relevantes.
- **Usuarios Recurrentes**: Identificar a los usuarios que han visitado el sitio web varias veces y crear anuncios que incentiven la conversión final.
- **Interacciones Específicas**: Segmentar a los usuarios que han realizado acciones específicas, como descargar un recurso, registrarse en un evento o interactuar con contenido específico.

Segmentación Demográfica y Geográfica

Utilizar datos demográficos y geográficos para personalizar aún más los anuncios de retargeting y hacerlos más relevantes para cada usuario.

- **Datos Demográficos**: Segmentar a los usuarios según su edad, género, nivel de ingresos, estado civil y otros factores demográficos.
- **Ubicación Geográfica**: Mostrar anuncios personalizados basados en la ubicación del usuario, como promociones locales o eventos cercanos.

Personalización de Anuncios

Creatividad Dinámica

Utilizar anuncios dinámicos que se personalizan automáticamente según el comportamiento del usuario y sus preferencias.

- **Anuncios de Productos Dinámicos**: Mostrar anuncios que presentan los productos exactos que el usuario ha visto o agregado al carrito.
- **Mensajes Personalizados**: Adaptar los mensajes de los anuncios para abordar directamente las necesidades y preocupaciones del usuario.

Pruebas A/B

Realizar pruebas A/B para identificar qué versiones de anuncios son más efectivas y optimizar continuamente las campañas de retargeting.

- **Pruebas de Creatividad**: Probar diferentes imágenes, textos y llamadas a la acción para determinar qué combinaciones generan mejores resultados.
- **Pruebas de Segmentación**: Experimentar con diferentes segmentos de audiencia para identificar los más propensos a convertir.

Frecuencia y Cadencia de los Anuncios

Control de Frecuencia

Establecer límites en la cantidad de veces que se muestra un anuncio a un usuario para evitar la saturación y el desgaste.

- **Frecuencia Óptima**: Determinar la frecuencia óptima de los anuncios para maximizar las conversiones sin molestar a los usuarios.
- **Rotación de Anuncios**: Rotar diferentes anuncios para mantener el contenido fresco y relevante para el usuario.

Cadencia de la Campaña

Planificar la cadencia de los anuncios de retargeting para

maximizar el impacto en diferentes etapas del proceso de compra.

- **Primera Semana**: Mostrar anuncios con recordatorios y ofertas especiales para incentivar una conversión rápida.
- **Segunda Semana**: Cambiar el enfoque a contenido de valor añadido, como guías y testimonios de clientes.
- **Tercera Semana y Más Allá**: Reducir la frecuencia de los anuncios y enfocarse en mantener la marca en la mente del usuario.

Mejores Prácticas para el Retargeting

Claridad Y Transparencia

Políticas de Privacidad

Asegurarse de que las políticas de privacidad de la empresa sean claras y cumplan con las regulaciones locales e internacionales, como el GDPR y el CCPA.

- **Transparencia en el Uso de Datos**: Informar a los usuarios sobre cómo se utilizan sus datos y proporcionar opciones de exclusión voluntaria.
- **Consentimiento del Usuario**: Obtener el consentimiento explícito de los usuarios para el seguimiento y la personalización de anuncios.

Creatividad En Los Anuncios

Mensajes Claros y Atractivos

Crear anuncios que sean visualmente atractivos y que comuniquen un mensaje claro y convincente.

- **Llamadas a la Acción**: Utilizar llamadas a la acción claras y directas que incentiven al usuario a tomar la acción deseada.

- **Beneficios Claros**: Enfocar los anuncios en los beneficios clave del producto o servicio para el usuario.

Análisis Y Optimización Continua

Análisis de Rendimiento

Utilizar herramientas de análisis para monitorear el rendimiento de las campañas de retargeting y realizar ajustes basados en los datos.

- **Métricas Clave**: Monitorear métricas clave como la tasa de clics (CTR), la tasa de conversión, el costo por adquisición (CPA) y el retorno de inversión (ROI).
- **Optimización Continua**: Realizar ajustes continuos en la segmentación, la creatividad y la cadencia de los anuncios para maximizar los resultados.

Feedback y Mejora

Recoger feedback de los usuarios y realizar encuestas para entender mejor sus preferencias y ajustar las estrategias de retargeting en consecuencia.

- **Encuestas Post-Compra**: Enviar encuestas a los clientes que han completado una compra para recoger feedback sobre su experiencia.
- **Análisis de Comentarios**: Analizar los comentarios y las interacciones de los usuarios en redes sociales y otros canales para identificar áreas de mejora.

Ejemplos de Campañas de Retargeting Exitosas

Caso de Estudio 1: Amazon

Estrategia de Retargeting

Amazon utiliza una combinación de retargeting basado en sitios web y retargeting por email para recuperar carritos abandonados y aumentar las conversiones.

- **Anuncios Dinámicos**: Mostrar anuncios de productos dinámicos que presentan los productos exactos que el usuario ha visto o agregado al carrito.
- **Correos Electrónicos Personalizados**: Enviar correos electrónicos automáticos con recordatorios de carritos abandonados y recomendaciones de productos basadas en el comportamiento del usuario.

Resultados

Amazon ha logrado recuperar una gran cantidad de ventas perdidas y aumentar significativamente sus conversiones a través de estas estrategias de retargeting.

Caso de Estudio 2: Booking.com

Estrategia de Retargeting

Booking.com utiliza retargeting en redes sociales y retargeting por email para volver a conectar con los usuarios que han buscado hoteles pero no han completado una reserva.

- **Anuncios de Productos Dinámicos**: Mostrar anuncios en redes sociales que presentan los hoteles exactos que el usuario ha buscado.
- **Correos Electrónicos de Recordatorio**: Enviar correos electrónicos automáticos con recordatorios de búsquedas recientes y ofertas especiales.

Resultados

Booking.com ha logrado aumentar sus reservas y mejorar el ROI de sus campañas publicitarias a través de estas estrategias de retargeting.

Caso de Estudio 3: Spotify

Estrategia de Retargeting

Spotify utiliza retargeting basado en sitios web y retargeting por email para atraer a usuarios que han probado la versión gratuita pero no han convertido a la versión premium.

- **Anuncios Personalizados**: Mostrar anuncios

personalizados que destacan los beneficios de la versión premium de Spotify.

- **Correos Electrónicos de Oferta**: Enviar correos electrónicos automáticos con ofertas exclusivas y pruebas gratuitas para incentivar la conversión.

Resultados

Spotify ha logrado aumentar su base de usuarios premium y mejorar la retención de clientes a través de estas estrategias de retargeting.

Futuro del Retargeting

Personalización Avanzada

Inteligencia Artificial y Machine Learning

La inteligencia artificial y el machine learning permitirán una personalización aún más avanzada de los anuncios de retargeting, basándose en el comportamiento y las preferencias del usuario en tiempo real.

- **Anuncios Predictivos**: Utilizar algoritmos de machine learning para predecir qué productos o servicios son más propensos a interesar al usuario y mostrar anuncios relevantes en consecuencia.
- **Automatización de Campañas**: Automatizar la creación y la optimización de las campañas de retargeting utilizando inteligencia artificial.

Privacidad Y Regulaciones

Cumplimiento de Regulaciones

Con el aumento de las regulaciones de privacidad, las empresas deberán asegurarse de que sus estrategias de retargeting cumplan con todas las leyes y regulaciones aplicables.

- **Protección de Datos**: Implementar medidas robustas de protección de datos para garantizar la privacidad y la

seguridad de los datos del usuario.
- **Consentimiento Transparente**: Asegurarse de obtener el consentimiento explícito de los usuarios para el seguimiento y la personalización de anuncios.

Innovaciones Tecnológicas

Realidad Aumentada y Realidad Virtual

La realidad aumentada (AR) y la realidad virtual (VR) ofrecerán nuevas oportunidades para el retargeting, permitiendo a las marcas crear experiencias publicitarias inmersivas y personalizadas.
- **Anuncios Interactivos**: Crear anuncios interactivos que utilicen AR o VR para ofrecer experiencias únicas y atractivas.
- **Pruebas Virtuales**: Permitir a los usuarios probar productos virtualmente antes de realizar una compra.

Internet de las Cosas (IoT)

El Internet de las Cosas (IoT) permitirá nuevas formas de retargeting al integrar dispositivos conectados y datos del usuario para crear campañas publicitarias aún más personalizadas.
- **Anuncios Basados en Contexto**: Utilizar datos de dispositivos IoT para mostrar anuncios relevantes basados en el contexto y el comportamiento del usuario.
- **Experiencias Integradas**: Crear experiencias publicitarias integradas que utilicen múltiples dispositivos conectados para ofrecer contenido relevante y personalizado.

Conclusión capítulo

El retargeting es una herramienta poderosa y esencial en el marketing digital moderno. Al permitir que las marcas vuelvan a conectar con los usuarios que ya han mostrado interés, el retargeting puede aumentar significativamente las conversiones y maximizar el ROI de las campañas publicitarias. Este capítulo ha proporcionado una guía completa y detallada sobre las estrategias avanzadas de retargeting, incluyendo su importancia, tipos, mejores prácticas y ejemplos de campañas exitosas. Al seguir estas estrategias y adaptarse a las tendencias emergentes, las marcas pueden desarrollar campañas de retargeting efectivas que impulsen su éxito a largo plazo.

CAPÍTULO 17: AUTOMATIZACIÓN DEL MARKETING

L a automatización del marketing es una tecnología que permite a las empresas optimizar, automatizar y medir las tareas de marketing para aumentar la eficiencia operativa y acelerar el crecimiento de los ingresos. En este capítulo, exploraremos en detalle las estrategias avanzadas de automatización del marketing, incluyendo sus beneficios, componentes clave, mejores prácticas y ejemplos de implementación exitosa.

Definición e Importancia de la Automatización del Marketing

¿Qué es la Automatización del Marketing?

La automatización del marketing es el uso de software para automatizar las tareas de marketing. Esto incluye la gestión de campañas de correo electrónico, la segmentación de la audiencia, la generación de leads, la puntuación de leads, la personalización de mensajes, y el análisis del rendimiento de las campañas. La automatización del marketing ayuda a las empresas a ser más eficientes y a ofrecer experiencias personalizadas a gran escala.

Importancia de la Automatización del Marketing

- **Eficiencia Operativa**: Reduce el tiempo y el esfuerzo necesarios para ejecutar campañas de marketing, permitiendo al equipo centrarse en tareas más estratégicas.
- **Personalización a Gran Escala**: Permite enviar mensajes personalizados a grandes audiencias, mejorando la relevancia y el engagement.
- **Generación de Leads**: Mejora la generación y gestión de leads, lo que aumenta las oportunidades de ventas.
- **Medición y Optimización**: Proporciona datos y análisis en tiempo real para medir el rendimiento de las campañas y realizar ajustes para mejorar los resultados.

Componentes Clave de la Automatización del Marketing

Gestión De Campañas De Correo Electrónico

Automatización de Correos Electrónicos

La automatización de correos electrónicos permite enviar mensajes personalizados y segmentados a los contactos en función de su comportamiento y características.

- **Secuencias de Bienvenida**: Automatizar una serie de correos electrónicos de bienvenida para nuevos suscriptores.
- **Correos de Carrito Abandonado**: Enviar correos electrónicos automáticos a los usuarios que han abandonado sus carritos de compra sin completar la transacción.

- **Newsletters**: Programar el envío de boletines informativos periódicos con contenido relevante para los suscriptores.

Segmentación de la Audiencia

La segmentación de la audiencia permite dividir la base de datos de contactos en grupos más pequeños y específicos basados en criterios como el comportamiento, los intereses, la demografía y la etapa del ciclo de vida del cliente.

- **Segmentación Demográfica**: Dividir a los contactos por edad, género, ubicación, etc.
- **Segmentación por Comportamiento**: Segmentar a los contactos según su comportamiento en el sitio web, como las páginas visitadas y las acciones realizadas.
- **Segmentación por Intereses**: Agrupar a los contactos según sus intereses y preferencias, basados en su historial de interacción.

Generación y Gestión de Leads

Puntuación de Leads

La puntuación de leads es un proceso que asigna un valor a cada lead basado en su comportamiento y características, ayudando a priorizar a los leads más prometedores.

- **Criterios de Puntuación**: Definir criterios específicos para asignar puntos, como las interacciones en el sitio web, las descargas de contenido y las respuestas a correos electrónicos.
- **Modelos Predictivos**: Utilizar modelos predictivos para mejorar la precisión de la puntuación de leads y predecir la probabilidad de conversión.

Nutrición de Leads

La nutrición de leads implica el envío de contenido relevante y valioso a los leads a lo largo del tiempo para guiarlos hacia la conversión.

- **Secuencias de Nutrición**: Crear secuencias automatizadas de correos electrónicos que ofrezcan contenido educativo y persuasivo a los leads.
- **Personalización del Contenido**: Personalizar el contenido de la nutrición de leads en función de los intereses y el comportamiento del lead.
- **Llamadas a la Acción (CTA)**: Incluir llamadas a la acción claras y relevantes en los correos electrónicos para incentivar a los leads a avanzar en el ciclo de compra.

Integración de CRM

Sincronización de Datos

La integración con sistemas de gestión de relaciones con clientes (CRM) permite sincronizar datos entre la plataforma de automatización de marketing y el CRM para una visión unificada del cliente.

- **Sincronización Bidireccional**: Asegurar que los datos se actualicen en tiempo real en ambos sistemas.
- **Historial de Interacciones**: Mantener un registro completo de todas las interacciones del cliente en un solo lugar.

Segmentación Avanzada

Utilizar datos del CRM para crear segmentos avanzados y personalizados de la audiencia.

- **Historial de Compras**: Segmentar a los clientes en función de su historial de compras.
- **Etapa del Ciclo de Vida del Cliente**: Agrupar a los clientes según su etapa en el ciclo de vida, como prospectos, clientes nuevos o clientes recurrentes.

Personalización Y Experiencia Del Cliente

Personalización de Contenido

La personalización de contenido implica adaptar los mensajes y el contenido para que sean relevantes para cada usuario individual.

- **Recomendaciones de Productos**: Utilizar algoritmos para recomendar productos basados en el comportamiento y las preferencias del usuario.
- **Contenido Dinámico**: Incluir contenido dinámico en los correos electrónicos y el sitio web que se adapte automáticamente a las características del usuario.

Experiencia del Usuario (UX)

Mejorar la experiencia del usuario a través de la automatización, haciendo que las interacciones sean más fluidas y personalizadas.

- **Chatbots**: Implementar chatbots automatizados para proporcionar asistencia en tiempo real a los usuarios.
- **Flujos de Trabajo Automatizados**: Crear flujos de trabajo que guíen a los usuarios a través de procesos complejos de manera eficiente.

Análisis y Optimización

Medición del Rendimiento

Utilizar herramientas de análisis para medir el rendimiento de las campañas de automatización de marketing y tomar decisiones basadas en datos.

- **KPI Clave**: Monitorear indicadores clave de rendimiento (KPI) como la tasa de apertura, la tasa de clics, la tasa de conversión y el ROI.
- **Informes Personalizados**: Crear informes personalizados que ofrezcan una visión detallada del rendimiento de las campañas.

Optimización Continua

Realizar ajustes continuos en las campañas de automatización de marketing para mejorar los resultados.

- **Pruebas A/B**: Realizar pruebas A/B para identificar qué versiones de correos electrónicos, landing pages y otros elementos de la campaña generan mejores resultados.
- **Feedback del Usuario**: Recoger y analizar el feedback de los usuarios para identificar áreas de mejora.

Mejores Prácticas para la Automatización del Marketing

Planificación Estratégica

Definición de Objetivos

Establecer objetivos claros y medibles para la automatización del marketing que alineen con los objetivos generales de la empresa.

- **Objetivos SMART**: Asegurarse de que los objetivos sean específicos, medibles, alcanzables, relevantes y con un límite de tiempo.
- **KPI Clave**: Definir los KPI que se utilizarán para medir el éxito de las campañas de automatización.

Mapeo del Ciclo de Vida del Cliente

Mapear el ciclo de vida del cliente para identificar los puntos de contacto clave y las oportunidades de automatización.

- **Etapas del Ciclo de Vida**: Identificar las etapas clave del ciclo de vida del cliente, como el descubrimiento, la consideración, la conversión y la retención.
- **Puntos de Contacto**: Identificar los puntos de contacto clave en cada etapa y planificar las campañas de automatización en consecuencia.

Segmentación Y Personalización

Segmentación Avanzada

Utilizar técnicas avanzadas de segmentación para dividir a la audiencia en grupos específicos y relevantes.

- **Segmentación Comportamental**: Segmentar a los usuarios según su comportamiento en el sitio web, como las páginas visitadas y las acciones realizadas.
- **Segmentación Predictiva**: Utilizar modelos predictivos para segmentar a los usuarios en función de su probabilidad de conversión.

Personalización del Contenido

Personalizar el contenido de las campañas de automatización para que sea relevante y atractivo para cada usuario individual.

- **Contenido Dinámico**: Utilizar contenido dinámico que se adapte automáticamente a las características del usuario.
- **Recomendaciones Personalizadas**: Incluir recomendaciones personalizadas de productos y contenido basadas en el comportamiento y las preferencias del usuario.

Optimización y Mejora Continua

Pruebas A/B y Multivariables

Realizar pruebas A/B y multivariables para identificar las mejores versiones de los elementos de la campaña y optimizar continuamente.

- **Pruebas de Correos Electrónicos**: Probar diferentes líneas de asunto, contenido y llamadas a la acción en los correos electrónicos.
- **Pruebas de Landing Pages**: Probar diferentes versiones de landing pages para identificar las que generan mejores conversiones.

Análisis de Datos y Feedback

Utilizar el análisis de datos y el feedback del usuario para identificar áreas de mejora y realizar ajustes en las campañas.

- **Análisis de Rendimiento**: Analizar el rendimiento de las campañas utilizando herramientas de análisis y KPI clave.

- **Encuestas de Feedback**: Recoger feedback del usuario a través de encuestas y otros métodos para identificar áreas de mejora.

Ejemplos de Implementación Exitosa

Caso de Estudio 1: HubSpot
Estrategia de Automatización

HubSpot, una plataforma de automatización de marketing y CRM, utiliza su propio software para automatizar una amplia gama de tareas de marketing.

- **Generación de Leads**: Utilizar formularios de captura de leads y landing pages automatizadas para generar leads.
- **Nutrición de Leads**: Enviar secuencias de correos electrónicos automatizados para nutrir a los leads y guiarlos a través del ciclo de vida del cliente.
- **Puntuación de Leads**: Utilizar la puntuación de leads para identificar y priorizar a los leads más prometedores.

Resultados

HubSpot ha logrado aumentar significativamente la eficiencia de su equipo de marketing y mejorar la generación y nutrición de leads a través de la automatización.

Caso de Estudio 2: Amazon
Estrategia de Automatización

Amazon utiliza la automatización del marketing para personalizar las experiencias de compra y mejorar la retención de clientes.

- **Recomendaciones de Productos**: Utilizar algoritmos de recomendación para ofrecer productos personalizados a los usuarios en función de su historial de compras y

JOSÉ MANUEL SOLANO MARTÍNEZ

navegación.
- **Correos Electrónicos Automatizados**: Enviar correos electrónicos automatizados con recomendaciones de productos, ofertas especiales y recordatorios de carritos abandonados.
- **Publicidad Personalizada**: Mostrar anuncios personalizados a los usuarios en función de su comportamiento y preferencias.

Resultados

Amazon ha logrado aumentar las ventas y mejorar la retención de clientes a través de la personalización y la automatización del marketing.

Caso de Estudio 3: Netflix
Estrategia de Automatización

Netflix utiliza la automatización del marketing para personalizar las recomendaciones de contenido y mejorar la retención de suscriptores.
- **Recomendaciones de Contenido**: Utilizar algoritmos de recomendación para ofrecer contenido personalizado a los usuarios en función de su historial de visualización.
- **Correos Electrónicos Automatizados**: Enviar correos electrónicos automatizados con recomendaciones de contenido y notificaciones de nuevos lanzamientos.
- **Publicidad Personalizada**: Utilizar datos de comportamiento para personalizar la publicidad y las promociones.

Resultados

Netflix ha logrado aumentar la retención de suscriptores y mejorar la satisfacción del cliente a través de la personalización y la automatización del marketing.

Futuro de la Automatización del Marketing

Inteligencia Artificial Y Machine Learning

Personalización Avanzada

La inteligencia artificial y el machine learning permitirán una personalización aún más avanzada, ofreciendo experiencias hiperpersonalizadas a los usuarios.

- **Análisis Predictivo**: Utilizar modelos predictivos para predecir el comportamiento del usuario y ofrecer contenido y ofertas relevantes en tiempo real.
- **Automatización de Tareas**: Automatizar tareas complejas de marketing utilizando algoritmos de machine learning para mejorar la eficiencia y la precisión.

Optimización Automática

La inteligencia artificial permitirá la optimización automática de las campañas de marketing, ajustando las estrategias en tiempo real para maximizar los resultados.

- **Optimización en Tiempo Real**: Ajustar automáticamente las campañas de marketing en función del rendimiento en tiempo real.
- **Pruebas y Aprendizaje Continuo**: Realizar pruebas continuas y aprender de los resultados para mejorar la eficacia de las campañas.

Integración Omnicanal

Experiencias Integradas

La automatización del marketing permitirá crear experiencias integradas y coherentes a través de múltiples canales, como el correo electrónico, las redes sociales, el sitio web y las aplicaciones móviles.

- **Flujos de Trabajo Omnicanal**: Crear flujos de trabajo

que integren múltiples canales de marketing para ofrecer una experiencia de cliente fluida y coherente.

- **Segmentación y Personalización Omnicanal**: Utilizar datos de múltiples canales para segmentar y personalizar las campañas de marketing.

Medición y Análisis Omnicanal

La automatización del marketing permitirá medir y analizar el rendimiento de las campañas a través de múltiples canales, proporcionando una visión holística del impacto del marketing.

- **Informes Integrados**: Crear informes integrados que ofrezcan una visión completa del rendimiento de las campañas en todos los canales.
- **Atribución Multicanal**: Utilizar modelos de atribución multicanal para entender cómo los diferentes canales contribuyen a las conversiones y al ROI.

Conclusión capítulo

La automatización del marketing es una herramienta poderosa y esencial para las empresas modernas. Al permitir la personalización a gran escala, mejorar la eficiencia operativa y proporcionar datos valiosos para la toma de decisiones, la automatización del marketing puede transformar la manera en que las empresas se relacionan con sus clientes y generan ingresos. Este capítulo ha proporcionado una guía completa y detallada sobre las estrategias avanzadas de automatización del marketing, incluyendo sus componentes clave, mejores prácticas y ejemplos de implementación exitosa. Al seguir estas estrategias y adaptarse a las tendencias emergentes, las empresas pueden desarrollar campañas de automatización del marketing efectivas que impulsen su éxito a largo plazo.

CAPÍTULO 18: PSICOLOGÍA DEL CONSUMIDOR

Comprender la psicología del consumidor es fundamental para desarrollar estrategias de marketing efectivas. Al entender cómo piensan, sienten y se comportan los consumidores, las empresas pueden diseñar productos, servicios y campañas de marketing que resuenen con su audiencia. En este capítulo, exploraremos en profundidad los conceptos clave de la psicología del consumidor, las teorías y modelos más importantes, y cómo aplicar estos conocimientos en estrategias de marketing. También incluiremos ejemplos y casos de estudio para ilustrar la aplicación práctica de estos principios.

Definición e Importancia de la Psicología del Consumidor

¿Qué es la Psicología del Consumidor?

La psicología del consumidor es el estudio de los procesos mentales y emocionales que influyen en las decisiones de compra y el comportamiento del consumidor. Incluye el análisis de cómo los consumidores perciben, interpretan y responden a diferentes estímulos de marketing, así como los factores internos y externos que afectan sus decisiones.

Importancia de la Psicología del Consumidor

- **Diseño de Productos y Servicios**: Permite a las empresas diseñar productos y servicios que satisfagan mejor las necesidades y deseos de los consumidores.
- **Estrategias de Marketing**: Ayuda a desarrollar estrategias de marketing más efectivas al entender los factores que motivan a los consumidores.
- **Comunicación Persuasiva**: Facilita la creación de mensajes de marketing que resuenen emocionalmente con los consumidores y los impulsen a la acción.
- **Fidelización del Cliente**: Contribuye a crear experiencias de cliente positivas que fomenten la lealtad y las relaciones a largo plazo.

Teorías y Modelos Clave en la Psicología del Consumidor

Modelo De Comportamiento Del Consumidor De Engel-Kollat-Blackwell (Ekb)

Descripción del Modelo

El modelo EKB es un enfoque clásico que describe el proceso de toma de decisiones del consumidor en cinco etapas:

1. **Reconocimiento del Problema**: El consumidor se da cuenta de una necesidad o deseo insatisfecho.
2. **Búsqueda de Información**: El consumidor busca información sobre productos o servicios que puedan satisfacer su necesidad o deseo.
3. **Evaluación de Alternativas**: El consumidor evalúa las diferentes opciones disponibles en función de diversos

criterios.

4. **Decisión de Compra**: El consumidor toma la decisión de comprar un producto o servicio específico.
5. **Comportamiento Post-Compra**: El consumidor evalúa su satisfacción con la compra y decide si repetirá la compra en el futuro.

Aplicación en Marketing

- **Publicidad y Promoción**: Crear campañas publicitarias que resalten problemas comunes y presenten soluciones que la marca ofrece.
- **Educación del Cliente**: Proporcionar información detallada y accesible sobre productos y servicios para facilitar la búsqueda de información y la evaluación de alternativas.
- **Estrategias de Retención**: Implementar programas de seguimiento post-compra para asegurar la satisfacción del cliente y fomentar la lealtad.

Teoría De La Motivación De Maslow

Descripción del Modelo

La teoría de la motivación de Maslow, representada por la pirámide de Maslow, sugiere que las necesidades humanas se organizan en una jerarquía de cinco niveles, desde las necesidades básicas hasta la auto-realización:

1. **Necesidades Fisiológicas**: Alimentación, agua, refugio, sueño.
2. **Necesidades de Seguridad**: Seguridad física, estabilidad financiera, salud.
3. **Necesidades Sociales**: Amor, pertenencia, amistad.
4. **Necesidades de Estima**: Reconocimiento, respeto, éxito.
5. **Auto-realización**: Desarrollo personal, realización de potencial.

Aplicación en Marketing

- **Segmentación del Mercado**: Segmentar a los consumidores en función de sus necesidades predominantes y diseñar productos y mensajes de marketing que aborden esas necesidades específicas.
- **Posicionamiento de Productos**: Posicionar productos de manera que satisfagan las necesidades en diferentes niveles de la jerarquía de Maslow.
- **Desarrollo de Mensajes**: Crear mensajes de marketing que apelen a las necesidades emocionales y aspiracionales de los consumidores.

Modelo De La Actitud De Fishbein

Descripción del Modelo

El modelo de la actitud de Fishbein, también conocido como el modelo de expectativa-valor, sugiere que las actitudes hacia un producto o marca se forman a partir de las creencias sobre los atributos del producto y la evaluación de la importancia de esos atributos.

Aplicación en Marketing

- **Investigación de Mercado**: Realizar investigaciones para identificar las creencias y evaluaciones de los consumidores sobre los atributos clave de los productos.
- **Comunicación de Atributos**: Enfocar los mensajes de marketing en los atributos que los consumidores valoran más y que diferencian a la marca de los competidores.
- **Mejora de Productos**: Ajustar y mejorar los productos en función de las evaluaciones y creencias de los consumidores para aumentar la satisfacción y la preferencia.

Modelo De Comportamiento Planificado De Ajzen

Descripción del Modelo

El modelo de comportamiento planificado de Ajzen sugiere que el comportamiento del consumidor está influenciado por tres factores principales:

1. **Actitudes Hacia el Comportamiento**: La evaluación positiva o negativa del comportamiento.
2. **Normas Subjetivas:** La percepción de la presión social para realizar o no realizar el comportamiento.
3. **Control Percibido del Comportamiento**: La percepción de la facilidad o dificultad de realizar el comportamiento.

Aplicación en Marketing

- **Cambio de Actitudes**: Diseñar campañas que cambien las actitudes negativas y refuercen las actitudes positivas hacia el comportamiento de compra.
- **Influencia Social**: Utilizar testimonios, reseñas y recomendaciones de influenciadores para impactar las normas subjetivas.
- **Facilitación del Comportamiento**: Asegurarse de que los consumidores perciban que el comportamiento de compra es fácil de realizar, proporcionando opciones de compra accesibles y convenientes.

Factores Psicológicos que Influyen en el Comportamiento del Consumidor

Percepción

Proceso de Percepción

La percepción es el proceso a través del cual los individuos seleccionan, organizan e interpretan la información para formar una imagen significativa del mundo. Incluye varios pasos:

1. **Exposición**: El consumidor está expuesto a estímulos de marketing.

2. **Atención**: El consumidor presta atención a ciertos estímulos mientras ignora otros.

3. **Interpretación**: El consumidor interpreta los estímulos de manera que tengan sentido para él.

Aplicación en Marketing

- **Diseño de Anuncios**: Crear anuncios visualmente atractivos y que capturen la atención del consumidor rápidamente.
- **Mensajes Claros y Directos**: Asegurarse de que los mensajes sean claros y fáciles de interpretar.
- **Posicionamiento de Productos**: Posicionar los productos de manera que resalten en el entorno competitivo y sean fácilmente percibidos por los consumidores.

Motivación

Teoría de la Motivación

La motivación es el impulso interno que mueve a los individuos a satisfacer sus necesidades y deseos. Incluye factores tanto intrínsecos (internos) como extrínsecos (externos).

Aplicación en Marketing

- **Identificación de Motivaciones**: Investigar y comprender las motivaciones detrás de las decisiones de compra de los consumidores.
- **Apelación a las Emociones**: Crear campañas que apelen a las emociones y deseos profundos de los consumidores.
- **Ofertas y Promociones**: Utilizar incentivos y promociones para motivar a los consumidores a tomar acción.

Aprendizaje

Teoría del Aprendizaje

El aprendizaje es el proceso mediante el cual los individuos adquieren conocimientos y experiencias que afectan su comportamiento futuro. Incluye el condicionamiento clásico, el condicionamiento operante y el aprendizaje observacional.

Aplicación en Marketing

- **Refuerzo Positivo**: Utilizar recompensas y refuerzos positivos para fomentar comportamientos de compra deseados.
- **Modelos a Seguir**: Utilizar celebridades o influenciadores como modelos a seguir para influir en el comportamiento de los consumidores.
- **Experiencias de Marca**: Crear experiencias de marca memorables que enseñen a los consumidores sobre los beneficios y el valor de los productos.

Actitudes Y Creencias

Formación de Actitudes

Las actitudes son evaluaciones duraderas de objetos, personas o eventos. Se forman a partir de creencias, sentimientos y experiencias pasadas.

Aplicación en Marketing

- **Cambio de Actitudes**: Diseñar campañas que cambien las actitudes negativas hacia la marca y refuercen las actitudes positivas.
- **Refuerzo de Creencias**: Enfocar los mensajes de marketing en creencias clave que los consumidores tienen sobre la marca.
- **Consistencia de Mensajes**: Asegurarse de que los mensajes de marketing sean consistentes y refuercen las actitudes deseadas.

Personalidad Y Estilo De Vida

Teoría de la Personalidad

La personalidad es el conjunto único de características psicológicas que influyen en cómo un individuo responde a su entorno. Incluye factores como el temperamento, las motivaciones y los valores.

Aplicación en Marketing

- **Segmentación por Personalidad**: Segmentar a los consumidores en función de su personalidad y diseñar mensajes que resuenen con cada segmento.
- **Posicionamiento de Productos**: Posicionar productos de manera que se alineen con las características y valores de personalidad de los consumidores objetivo.
- **Estilos de Vida**: Identificar y dirigirse a consumidores en función de sus estilos de vida, intereses y actividades.

Estrategias de Marketing Basadas en la Psicología del Consumidor

Marketing Emocional

Importancia de las Emociones

Las emociones juegan un papel crucial en las decisiones de compra. Las campañas de marketing que apelan a las emociones pueden ser más efectivas para captar la atención y fomentar la lealtad del cliente.

Aplicación en Marketing

- **Narración de Historias**: Utilizar historias emotivas que resuenen con los valores y experiencias de los consumidores.
- **Imágenes y Videos Emotivos**: Crear contenido visual que evoque emociones y conecte a nivel emocional con la audiencia.
- **Mensajes Positivos**: Enfocar los mensajes en emociones positivas como la felicidad, el amor y la

satisfacción.

Neuromarketing

¿Qué es el Neuromarketing?

El neuromarketing es el uso de técnicas de neurociencia para entender cómo los consumidores responden a los estímulos de marketing. Incluye el uso de tecnologías como la resonancia magnética funcional (fMRI) y la electroencefalografía (EEG) para medir la actividad cerebral.

Aplicación en Marketing

- **Optimización de Anuncios**: Utilizar el neuromarketing para identificar qué elementos de los anuncios capturan mejor la atención y generan una respuesta emocional.
- **Diseño de Productos**: Aplicar conocimientos de neuromarketing para diseñar productos que generen una respuesta positiva en los consumidores.
- **Experiencias de Usuario**: Crear experiencias de usuario que estén diseñadas para maximizar la satisfacción y el engagement basándose en principios neurológicos.

Marketing de Escasez y Urgencia

Principio De Escasez

El principio de escasez sugiere que los productos o servicios percibidos como escasos son más deseables. La urgencia puede motivar a los consumidores a actuar rápidamente.

Aplicación en Marketing

- **Ofertas Limitadas**: Crear ofertas por tiempo limitado para incentivar a los consumidores a realizar compras rápidas.

- **Stock Limitado**: Indicar que el stock es limitado para aumentar la percepción de valor y urgencia.
- **Contadores de Tiempo**: Utilizar contadores de tiempo en el sitio web para resaltar la urgencia de las ofertas.

Marketing Social Y Normas Sociales

Influencia Social

La influencia social y las normas sociales pueden tener un impacto significativo en el comportamiento del consumidor. Las personas tienden a seguir las acciones y opiniones de los demás.

Aplicación en Marketing

- **Testimonios y Reseñas**: Utilizar testimonios y reseñas de clientes para influir en las decisiones de compra.
- **Redes Sociales**: Promover productos a través de redes sociales y fomentar el boca a boca.
- **Marketing de Influencers**: Colaborar con influencers para aprovechar su influencia y llegar a una audiencia más amplia.

Marketing De Experiencia

Importancia de la Experiencia del Cliente

La experiencia del cliente es crucial para la satisfacción y la lealtad. Las experiencias positivas pueden generar emociones favorables y fomentar la retención de clientes.

Aplicación en Marketing

- **Experiencias de Marca**: Crear experiencias de marca memorables y únicas que resuenen con los consumidores.
- **Atención al Cliente**: Proporcionar un excelente servicio de atención al cliente para mejorar la experiencia del cliente.
- **Eventos y Activaciones**: Organizar eventos y

activaciones de marca que permitan a los consumidores interactuar con la marca de manera directa y significativa.

Casos de Estudio

Caso de Estudio 1: Coca-Cola
Estrategia de Marketing Emocional
Coca-Cola ha utilizado consistentemente estrategias de marketing emocional para conectar con los consumidores a nivel personal y emocional.

- **Campañas Publicitarias**: Utilizar campañas publicitarias emotivas como "Comparte una Coca-Cola" para fomentar la conexión emocional.
- **Historias de Marca**: Contar historias que resalten valores como la felicidad, la amistad y la celebración.
- **Experiencias de Marca**: Crear experiencias de marca memorables a través de eventos y promociones que fomenten la interacción y la lealtad del cliente.

Resultados
Coca-Cola ha logrado mantener una fuerte conexión emocional con los consumidores y una alta lealtad a la marca a lo largo del tiempo.

Caso de Estudio 2: Apple
Estrategia de Marketing de Experiencia
Apple ha centrado su estrategia de marketing en ofrecer experiencias de cliente excepcionales, desde el diseño de productos hasta el servicio postventa.

- **Diseño de Productos**: Crear productos que no solo sean funcionales, sino también estéticamente atractivos y fáciles de usar.
- **Tiendas Apple**: Diseñar tiendas Apple que proporcionen una experiencia de compra única y

personalizada.

- **Servicio al Cliente**: Ofrecer un servicio al cliente excepcional a través del soporte técnico y el servicio postventa.

Resultados

Apple ha logrado construir una base de clientes extremadamente leal y ha mantenido su posición como líder en innovación y diseño.

Caso de Estudio 3: Amazon
Estrategia de Personalización

Amazon utiliza la personalización para mejorar la experiencia del cliente y aumentar las ventas.

- **Recomendaciones de Productos**: Utilizar algoritmos de recomendación para ofrecer productos personalizados a los usuarios en función de su historial de compras y navegación.
- **Correos Electrónicos Personalizados**: Enviar correos electrónicos automatizados con recomendaciones de productos y ofertas especiales.
- **Publicidad Personalizada**: Mostrar anuncios personalizados a los usuarios en función de su comportamiento y preferencias.

Resultados

Amazon ha logrado aumentar las ventas y mejorar la retención de clientes a través de la personalización y la automatización del marketing.

Conclusión capítulo

La psicología del consumidor es una herramienta poderosa que permite a las empresas comprender y predecir el comportamiento del consumidor. Al aplicar principios y teorías de la psicología del consumidor, las empresas pueden desarrollar estrategias de marketing más efectivas y resonar mejor con su audiencia. Este capítulo ha proporcionado una guía completa sobre la psicología del consumidor, incluyendo conceptos clave, teorías y modelos, factores psicológicos y estrategias de marketing basadas en estos conocimientos. Al seguir estas estrategias y aprender de los casos de estudio, las empresas pueden mejorar significativamente su capacidad para atraer, retener y deleitar a sus clientes, impulsando su éxito a largo plazo.

CAPÍTULO 19: MARKETING INTERNACIONAL

El marketing internacional es el proceso de planificar y ejecutar la concepción, el precio, la promoción y la distribución de ideas, bienes y servicios para crear intercambios que satisfagan los objetivos individuales y organizacionales en un mercado global. Este capítulo profundiza en las estrategias avanzadas de marketing internacional, incluyendo la investigación de mercados globales, la adaptación de productos y mensajes, la gestión de la marca internacional, y los desafíos culturales y legales. También se incluyen ejemplos y casos de estudio para ilustrar la aplicación práctica de estos principios.

Definición e Importancia del Marketing Internacional

¿Qué es el Marketing Internacional?

El marketing internacional implica el marketing de productos y servicios más allá de las fronteras nacionales. Requiere un entendimiento profundo de los mercados extranjeros, incluyendo sus necesidades, preferencias, regulaciones y entorno competitivo. También implica la adaptación de estrategias de marketing para satisfacer las demandas específicas de cada mercado.

Importancia del Marketing Internacional

- **Expansión del Mercado**: Permite a las empresas acceder a nuevos mercados y clientes, aumentando su base de clientes y sus ingresos potenciales.
- **Diversificación de Riesgos**: Ayuda a las empresas a diversificar sus fuentes de ingresos y a mitigar riesgos económicos al no depender únicamente de un mercado.
- **Economías de Escala**: La expansión internacional puede permitir a las empresas lograr economías de escala en producción, distribución y marketing.
- **Innovación y Aprendizaje**: La exposición a diferentes mercados y culturas puede fomentar la innovación y el aprendizaje dentro de la organización.

Investigación de Mercados Globales

Análisis Pestel

Descripción del Análisis PESTEL

El análisis PESTEL es una herramienta que ayuda a las empresas a evaluar el entorno macroeconómico de un mercado extranjero. Incluye seis factores clave:

1. **Político**: Estabilidad política, políticas gubernamentales, relaciones internacionales.
2. **Económico**: Crecimiento económico, tasas de interés, inflación, poder adquisitivo.
3. **Social**: Demografía, cultura, comportamiento del consumidor, estilo de vida.
4. **Tecnológico**: Infraestructura tecnológica, innovación, penetración de internet.
5. **Ecológico**: Normas ambientales, sostenibilidad,

impacto ecológico.

6. **Legal**: Legislación, regulaciones, derechos de propiedad intelectual.

Aplicación en Marketing

- **Evaluación de Oportunidades y Amenazas**: Utilizar el análisis PESTEL para identificar oportunidades y amenazas en el mercado objetivo.
- **Desarrollo de Estrategias**: Adaptar las estrategias de marketing en función de los factores identificados en el análisis PESTEL.
- **Planificación de Contingencias**: Planificar contingencias para mitigar riesgos potenciales identificados en el análisis.

Análisis Del Entorno Competitivo

Modelo de las Cinco Fuerzas de Porter

El modelo de las cinco fuerzas de Porter ayuda a analizar el entorno competitivo en un mercado extranjero. Incluye:

1. **Rivalidad entre Competidores Existentes**: Evaluar la intensidad de la competencia en el mercado.
2. **Poder de Negociación de los Proveedores**: Determinar el poder de los proveedores en el mercado.
3. **Poder de Negociación de los Clientes**: Evaluar el poder de los clientes en el mercado.
4. **Amenaza de Nuevos Entrantes**: Evaluar la facilidad con la que nuevas empresas pueden entrar en el mercado.
5. **Amenaza de Productos Sustitutos**: Determinar la amenaza de productos o servicios alternativos.

Aplicación en Marketing

- **Estrategia Competitiva**: Desarrollar estrategias competitivas basadas en el análisis de las cinco fuerzas.
- **Diferenciación de Productos**: Identificar oportunidades para diferenciar productos y servicios

de los competidores.

- **Negociación de Precios**: Desarrollar estrategias de precios en función del poder de negociación de los proveedores y clientes.

Investigación De Consumidores

Métodos de Investigación de Mercado

La investigación de consumidores en mercados internacionales puede incluir métodos cualitativos y cuantitativos.

- **Encuestas y Cuestionarios**: Recoger datos cuantitativos sobre preferencias y comportamientos de los consumidores.
- **Grupos Focales**: Obtener información cualitativa a través de discusiones en grupo.
- **Entrevistas en Profundidad**: Realizar entrevistas individuales para obtener una comprensión detallada de las percepciones y actitudes.
- **Observación**: Observar el comportamiento del consumidor en el entorno natural.

Aplicación en Marketing

- **Segmentación de Mercado**: Utilizar los datos de investigación para segmentar el mercado en grupos relevantes y específicos.
- **Personalización de Estrategias**: Adaptar las estrategias de marketing para satisfacer las necesidades y preferencias de cada segmento.
- **Validación de Hipótesis**: Validar hipótesis y suposiciones sobre el mercado a través de datos de investigación.

Adaptación de Productos y Mensajes

Estrategias De Adaptación De Productos

Adaptación vs. Estandarización

Las empresas pueden optar por adaptar sus productos a las especificidades de cada mercado o mantener una estrategia estandarizada.

- **Adaptación**: Modificar productos para satisfacer las necesidades y preferencias locales.
- **Estandarización**: Ofrecer el mismo producto en todos los mercados sin cambios significativos.

Factores a Considerar

- **Preferencias del Consumidor**: Adaptar productos para alinearse con las preferencias y necesidades locales.
- **Regulaciones y Normativas**: Asegurarse de que los productos cumplan con las regulaciones locales.
- **Condiciones del Mercado**: Adaptar productos para enfrentar las condiciones específicas del mercado, como el clima, la infraestructura y el entorno competitivo.

Ejemplo de Adaptación

- **McDonald's**: McDonald's adapta su menú en diferentes países para satisfacer las preferencias locales. En India, por ejemplo, ofrecen productos vegetarianos y sin carne de res para alinearse con las preferencias culturales y religiosas.

Adaptación De Mensajes De Marketing

Comunicación Intercultural

La comunicación intercultural implica adaptar los mensajes de marketing para que sean culturalmente relevantes y respetuosos.

- **Lenguaje**: Traducir y adaptar los mensajes para que sean culturalmente apropiados y efectivos.
- **Símbolos y Colores**: Utilizar símbolos y colores que sean culturalmente aceptables y que resuenen con la audiencia local.

- **Normas Culturales**: Asegurarse de que los mensajes respeten las normas y valores culturales locales.

Ejemplo de Adaptación

- **Coca-Cola**: Coca-Cola adapta sus campañas publicitarias a diferentes culturas. En China, por ejemplo, utilizan mensajes y símbolos que resalten los valores familiares y la celebración.

Gestión de la Marca Internacional

Construcción De Una Marca Global

Identidad de Marca Consistente

Mantener una identidad de marca consistente a nivel global es crucial para construir una marca fuerte y reconocible.

- **Valores de Marca**: Definir y comunicar valores de marca consistentes en todos los mercados.
- **Misión y Visión**: Mantener una misión y visión coherentes que guíen todas las actividades de la marca.
- **Elementos Visuales**: Asegurarse de que los elementos visuales de la marca, como el logotipo y los colores, sean consistentes en todos los mercados.

Adaptación Local

Aunque la identidad de marca debe ser consistente, es importante adaptar los mensajes y estrategias de marketing para satisfacer las necesidades locales.

- **Mensajes Localizados**: Adaptar los mensajes de marketing para que sean culturalmente relevantes y resuenen con la audiencia local.
- **Campañas Regionales**: Desarrollar campañas regionales que aborden las necesidades y preferencias específicas de cada mercado.

Ejemplo de Marca Global

- **Nike**: Nike mantiene una identidad de marca global fuerte con valores consistentes de innovación y rendimiento. Al mismo tiempo, adapta sus campañas publicitarias y mensajes para resaltar valores y figuras deportivas locales.

Protección De La Marca

Registro de Marca

Registrar la marca en cada país donde se opera es esencial para proteger la propiedad intelectual.

- **Registros Locales**: Asegurarse de que la marca esté registrada en todas las jurisdicciones relevantes.
- **Protección de Derechos**: Utilizar mecanismos legales para proteger los derechos de marca contra el uso no autorizado y la falsificación.

Gestión de la Reputación

Gestionar la reputación de la marca a nivel global implica monitorear y responder a las percepciones y opiniones de los consumidores en todos los mercados.

- **Monitoreo de Medios**: Utilizar herramientas de monitoreo de medios para seguir las menciones de la marca en línea y en los medios tradicionales.
- **Gestión de Crisis**: Desarrollar planes de gestión de crisis para abordar problemas y proteger la reputación de la marca en todos los mercados.

Ejemplo de Protección de Marca

- **Apple**: Apple registra y protege su marca en todos los mercados donde opera. Además, monitorean constantemente el uso de su marca y toman acciones legales contra la falsificación y el uso no autorizado.

Desafíos Culturales y Legales

Desafíos Culturales

Diferencias Culturales

Las diferencias culturales pueden afectar significativamente la efectividad de las estrategias de marketing internacional.

- **Valores y Creencias**: Las diferencias en valores y creencias pueden influir en cómo los consumidores perciben los productos y mensajes de marketing.
- **Normas y Costumbres**: Las normas y costumbres locales pueden afectar el comportamiento del consumidor y la aceptación de los productos.
- **Idioma y Comunicación**: Las barreras lingüísticas y las diferencias en estilos de comunicación pueden afectar la claridad y efectividad de los mensajes de marketing.

Ejemplo de Diferencia Cultural

- **KFC en China**: KFC tuvo que adaptar su menú y su estilo de servicio para alinearse con las preferencias y costumbres alimentarias chinas, incluyendo la oferta de arroz y sopas en lugar de solo pollo frito.

Desafíos Legales

Regulaciones y Normativas

Las regulaciones y normativas locales pueden variar significativamente entre diferentes mercados y afectar la comercialización de productos.

- **Regulaciones de Publicidad**: Cumplir con las regulaciones locales sobre publicidad, incluyendo restricciones sobre ciertos tipos de mensajes y contenido.
- **Normativas de Productos**: Asegurarse de que los productos cumplan con las normativas locales de seguridad, calidad y etiquetado.
- **Derechos de Propiedad Intelectual**: Proteger los derechos de propiedad intelectual en todos los mercados.

Ejemplo de Desafío Legal

- **Google en Europa**: Google ha enfrentado desafíos

legales significativos en Europa, incluyendo multas por prácticas antimonopolio y regulaciones de privacidad más estrictas bajo el Reglamento General de Protección de Datos (GDPR).

Estrategias de Marketing Internacional

Estrategia De Entrada Al Mercado

Exportación Directa e Indirecta

La exportación es una de las formas más comunes de entrada al mercado internacional.
- **Exportación Directa**: Vender productos directamente a clientes en el extranjero sin intermediarios.
- **Exportación Indirecta**: Utilizar intermediarios, como agentes y distribuidores, para vender productos en mercados extranjeros.

Ejemplo de Exportación
- **Heineken**: Heineken utiliza la exportación directa para vender su cerveza en mercados internacionales, manteniendo el control sobre la distribución y la comercialización.

Estrategia De Alianza Estratégica

Alianzas y Joint Ventures

Las alianzas estratégicas y las joint ventures pueden ayudar a las empresas a entrar en nuevos mercados aprovechando la experiencia y los recursos de socios locales.
- **Alianzas Estratégicas**: Formar alianzas con empresas locales para compartir recursos y conocimientos.
- **Joint Ventures**: Crear una nueva entidad conjunta con una empresa local para operar en el mercado extranjero.

Ejemplo de Alianza Estratégica

- **Starbucks y Tata**: Starbucks formó una joint venture con Tata en India para aprovechar el conocimiento y la infraestructura local de Tata y expandir su presencia en el mercado indio.

Estrategia De Inversión Directa

Inversión en Filiales y Sucursales

La inversión directa implica establecer filiales o sucursales en mercados extranjeros para tener un control total sobre las operaciones locales.

- **Filiales**: Establecer una filial completamente controlada en el mercado extranjero.
- **Sucursales**: Abrir sucursales que operen bajo la dirección y el control de la empresa matriz.

Ejemplo de Inversión Directa

- **Toyota en Estados Unidos**: Toyota ha establecido múltiples filiales y plantas de producción en Estados Unidos para fabricar y vender automóviles directamente en el mercado estadounidense.

Casos de Estudio

Caso de Estudio 1: McDonald's
Estrategia de Adaptación Global

McDonald's utiliza una estrategia de adaptación global, manteniendo su identidad de marca mientras adapta sus productos y mensajes a las preferencias locales.

- **Adaptación del Menú**: Adaptar el menú para incluir opciones locales, como el Maharaja Mac en India y la McPollo en México.
- **Campañas Publicitarias Locales**: Crear campañas publicitarias que resalten valores y símbolos locales.

Resultados

McDonald's ha logrado un éxito significativo en los mercados internacionales al equilibrar la consistencia de la marca con la adaptación local.

Caso de Estudio 2: Unilever
Estrategia de Marca Multinacional

Unilever adopta una estrategia de marca multinacional, operando bajo múltiples marcas y adaptando sus productos y estrategias a cada mercado.

- **Adaptación de Productos**: Adaptar productos para satisfacer las necesidades locales, como las fórmulas de detergente específicas para diferentes mercados.
- **Estrategias de Marketing Locales**: Desarrollar estrategias de marketing que resalten los beneficios específicos y relevantes para cada mercado.

Resultados

Unilever ha logrado establecer una fuerte presencia global y una alta lealtad a la marca en múltiples mercados.

Caso de Estudio 3: Samsung
Estrategia de Innovación y Calidad

Samsung utiliza una estrategia centrada en la innovación y la calidad para competir en mercados internacionales.

- **Inversión en I+D**: Invertir fuertemente en investigación y desarrollo para crear productos innovadores y de alta calidad.
- **Marketing Global**: Utilizar campañas de marketing global que resalten la innovación y la calidad de los productos Samsung.

Resultados

Samsung ha logrado convertirse en una marca líder en electrónica de consumo y tecnología a nivel mundial.

Futuro del Marketing Internacional

Digitalización Y Comercio Electrónico

Crecimiento del Comercio Electrónico

El comercio electrónico está transformando el marketing internacional al permitir a las empresas vender productos directamente a los consumidores en todo el mundo.

- **Plataformas Globales**: Utilizar plataformas globales de comercio electrónico como Amazon, Alibaba y eBay para alcanzar mercados internacionales.
- **Marketing Digital**: Implementar estrategias de marketing digital, incluyendo SEO, SEM y marketing en redes sociales, para atraer a consumidores internacionales.

Ejemplo de Comercio Electrónico

- **Alibaba**: Alibaba ha creado una plataforma de comercio electrónico global que permite a las empresas vender productos a consumidores en todo el mundo, facilitando el acceso a mercados internacionales.

Sostenibilidad y Responsabilidad Social

Importancia de la Sostenibilidad

La sostenibilidad y la responsabilidad social están ganando importancia en el marketing internacional, ya que los consumidores y las regulaciones demandan prácticas más sostenibles y éticas.

- **Productos Sostenibles**: Desarrollar productos que sean ambientalmente sostenibles y socialmente responsables.
- **Marketing de Sostenibilidad**: Comunicar los esfuerzos de sostenibilidad y responsabilidad social a los consumidores para construir una imagen de marca

positiva.

Ejemplo de Sostenibilidad

- **Patagonia**: Patagonia ha construido su marca global en torno a la sostenibilidad y la responsabilidad social, desarrollando productos sostenibles y apoyando causas ambientales.

Inteligencia Artificial Y Big Data

Personalización Avanzada

La inteligencia artificial (IA) y el big data están permitiendo una personalización avanzada en el marketing internacional, al analizar grandes volúmenes de datos para entender mejor a los consumidores.

- **Análisis Predictivo**: Utilizar el análisis predictivo para anticipar las necesidades y preferencias de los consumidores en diferentes mercados.
- **Automatización del Marketing**: Implementar la automatización del marketing para personalizar los mensajes y ofertas en función de los datos del consumidor.

Ejemplo de IA y Big Data

- **Amazon**: Amazon utiliza IA y big data para personalizar la experiencia de compra de los consumidores, ofreciendo recomendaciones de productos y promociones personalizadas en tiempo real.

Conclusión capítulo

El marketing internacional es una disciplina compleja y multifacética que requiere un entendimiento profundo de los mercados extranjeros, la adaptación de estrategias de marketing y la gestión de desafíos culturales y legales. Este capítulo ha proporcionado una guía exhaustiva sobre las estrategias avanzadas de marketing internacional, incluyendo la investigación de mercados globales, la adaptación de productos y mensajes, la gestión de la marca internacional, y los desafíos culturales y legales. Al seguir estas estrategias y aprender de los casos de estudio, las empresas pueden desarrollar campañas de marketing internacional efectivas que impulsen su éxito a largo plazo.

CAPÍTULO 20: MARKETING PARA STARTUPS

El marketing para startups presenta una serie de desafíos únicos que requieren estrategias creativas y efectivas, especialmente cuando se trabaja con presupuestos limitados. Este capítulo se enfocará en los desafíos específicos del marketing para startups, estrategias efectivas con presupuestos ajustados, cómo crear una presencia de marca sólida desde el inicio y algunas historias de éxito inspiradoras de startups.

Desafíos Específicos del Marketing para Startups

Las startups enfrentan varios desafíos únicos en comparación con empresas establecidas, incluyendo:

Limitación de Recursos

- **Presupuesto Reducido**: Las startups generalmente tienen presupuestos de marketing limitados, lo que requiere estrategias creativas y eficientes.
- **Personal Limitado**: Puede haber un número reducido

de empleados, lo que significa que los esfuerzos de marketing a menudo son gestionados por equipos pequeños o incluso por una sola persona.

Falta de Reconocimiento de Marca

- **Construcción desde Cero**: A diferencia de las empresas establecidas, las startups deben construir su reconocimiento de marca desde cero.
- **Competencia Intensa**: Las startups deben competir con empresas establecidas que ya tienen una base de clientes leal y una presencia en el mercado.

Adaptación Rápida

- **Cambios Constantes**: Las startups deben ser ágiles y adaptarse rápidamente a los cambios del mercado y a los comentarios de los clientes.
- **Evolución del Producto**: Los productos y servicios de las startups a menudo están en constante evolución, lo que requiere ajustes continuos en las estrategias de marketing.

Estrategias Efectivas con Presupuestos Limitados

Con presupuestos limitados, las startups deben ser creativas y estratégicas en sus esfuerzos de marketing. Aquí hay algunas estrategias efectivas:

Marketing de Contenidos

- **Blogs y Artículos**: Crear contenido valioso y relevante puede atraer tráfico orgánico a tu sitio web y establecerte como un líder en tu industria.
- **Videos y Webinars**: Utilizar videos y webinars para educar a tu audiencia sobre tu producto o servicio y demostrar su valor.
- **Infografías y Visuales**: Las infografías son una excelente manera de presentar información compleja

de manera visualmente atractiva y fácil de entender.

Redes Sociales

- **Plataformas Adecuadas**: Identifica las plataformas de redes sociales que son más utilizadas por tu público objetivo y enfócate en ellas.
- **Contenido Interactivo**: Crea contenido que fomente la interacción, como encuestas, concursos y preguntas.
- **Publicidad Dirigida**: Utiliza la publicidad dirigida en redes sociales para alcanzar a una audiencia específica con un presupuesto reducido.

Colaboraciones y Alianzas

- **Influencers y Embajadores de Marca**: Colaborar con influencers puede ayudar a aumentar la visibilidad de tu marca de manera rentable.
- **Asociaciones con Otras Startups**: Colaborar con otras startups puede ofrecer beneficios mutuos y ampliar tu alcance sin grandes gastos.

SEO y SEM

- **Optimización para Motores de Búsqueda (SEO)**: Asegúrate de que tu sitio web esté optimizado para los motores de búsqueda para atraer tráfico orgánico.
- **Publicidad de Pago por Clic (PPC)**: Utiliza campañas de PPC para atraer tráfico inmediato y altamente segmentado a tu sitio web.

Creación de una Presencia de Marca Sólida desde el Inicio

Establecer una presencia de marca sólida desde el inicio es crucial para el éxito a largo plazo de una startup.

Identidad de Marca

- **Nombre y Logo**: Elige un nombre y un logo que sean únicos, memorables y reflejen los valores de tu marca.
- **Paleta de Colores y Tipografía**: Selecciona una paleta

de colores y tipografía que refuercen la identidad de tu marca y asegúrate de usarlas de manera consistente en todos los materiales de marketing.

Propuesta de Valor

- **Diferenciación**: Define claramente qué hace único a tu producto o servicio y cómo resuelve un problema específico para tu público objetivo.
- **Comunicación Clara**: Asegúrate de que tu propuesta de valor sea clara y fácil de entender en todos los puntos de contacto con el cliente.

Experiencia del Cliente

- **Servicio al Cliente Excepcional**: Proporciona un servicio al cliente excepcional para construir lealtad y generar recomendaciones de boca a boca.
- **Retroalimentación y Mejora Continua**: Escucha a tus clientes y utiliza sus comentarios para mejorar continuamente tus productos y servicios.

Marketing Consistente

- **Mensajes Consistentes**: Mantén mensajes de marca consistentes en todos los canales de marketing para construir una identidad de marca coherente.
- **Marketing Multicanal**: Utiliza una combinación de canales de marketing para alcanzar a tu audiencia en diferentes plataformas y momentos.

Historias de Éxito de Startups

Caso de Estudio 1: Dropbox

Estrategia Utilizada: Dropbox utilizó una estrategia de marketing de referidos para crecer rápidamente. Ofrecían espacio adicional de almacenamiento gratuito tanto al usuario que refería a un amigo como al amigo que se unía.

Resultados: Esta estrategia resultó en un crecimiento explosivo, llevando a Dropbox a convertirse en una de las principales plataformas de almacenamiento en la nube.

Caso de Estudio 2: Airbnb

Estrategia Utilizada: Airbnb se centró en construir una comunidad y aprovechar el poder de las redes sociales para promover su plataforma. Utilizaron el marketing de contenidos y colaboraron con bloggers y fotógrafos para crear contenido atractivo.

Resultados: Airbnb se ha convertido en una de las mayores plataformas de alojamiento del mundo, transformando la industria hotelera.

Caso de Estudio 3: Buffer

Estrategia Utilizada: Buffer utilizó el marketing de contenidos para educar a su audiencia sobre la gestión de redes sociales. Publicaban artículos detallados y útiles en su blog, atrayendo a una audiencia interesada en sus herramientas.

Resultados: Buffer creció rápidamente y se convirtió en una de las herramientas de gestión de redes sociales más populares.

Conclusión capítulo

El marketing para startups puede ser desafiante, pero con estrategias creativas y efectivas, es posible construir una marca sólida y alcanzar el éxito incluso con presupuestos limitados. Al enfocarse en el marketing de contenidos, las redes sociales, colaboraciones estratégicas y la creación de una fuerte identidad de marca, las startups pueden superar sus desafíos y crecer de manera sostenible. Las historias de éxito de otras startups proporcionan valiosas lecciones e inspiración para aplicar en tu propio camino hacia el éxito.

CAPÍTULO 21: MARKETING B2B (BUSINESS TO BUSINESS)

E l marketing B2B (Business to Business) se refiere a las estrategias y técnicas utilizadas por las empresas para vender productos o servicios a otras empresas. Este tipo de marketing difiere significativamente del marketing B2C (Business to Consumer) y requiere enfoques específicos para ser efectivo. En este capítulo, exploraremos las diferencias entre el marketing B2B y B2C, las estrategias efectivas para el marketing B2B, la generación de leads y nurturing, y presentaremos algunos casos de estudio exitosos.

Diferencias entre Marketing B2B y B2C

El marketing B2B y B2C tienen objetivos, procesos de compra y enfoques diferentes. A continuación, se presentan algunas de las principales diferencias:

Ciclo de Compra

- **B2B**: Los ciclos de compra son más largos y complejos,

con múltiples etapas que incluyen investigación, evaluación, comparación y aprobación.

- **B2C**: Los ciclos de compra son generalmente más cortos y menos complejos, con decisiones de compra que se toman rápidamente.

Decisión de Compra

- **B2B**: Las decisiones de compra involucran a múltiples stakeholders y se basan en factores racionales como el ROI, la eficiencia y la alineación con los objetivos comerciales.
- **B2C**: Las decisiones de compra suelen ser individuales y se basan en factores emocionales y personales.

Relación con el Cliente

- **B2B**: Las relaciones con los clientes tienden a ser más largas y requieren un enfoque personalizado y basado en la confianza.
- **B2C**: Las relaciones con los clientes pueden ser más transaccionales y menos profundas.

Enfoque de Marketing

- **B2B**: El enfoque se centra en la educación, la construcción de relaciones y la demostración del valor del producto o servicio.
- **B2C**: El enfoque se centra en atraer y persuadir al consumidor a través de la publicidad y el marketing emocional.

Estrategias Efectivas para el Marketing B2B

Para tener éxito en el marketing B2B, es esencial implementar estrategias específicas que se adapten a las necesidades y comportamientos de las empresas. Algunas estrategias efectivas incluyen:

Marketing de Contenidos

- **Blogs y Whitepapers**: Crear contenido valioso que

aborde los desafíos y necesidades de tu audiencia empresarial.

- **Estudios de Caso y Testimonios**: Mostrar cómo tu producto o servicio ha beneficiado a otras empresas.
- **Webinars y Seminarios**: Ofrecer formación y educación sobre temas relevantes para tu industria.

Email Marketing

- **Segmentación de Audiencia**: Enviar correos electrónicos dirigidos a segmentos específicos de tu audiencia.
- **Automatización**: Utilizar herramientas de automatización para enviar correos electrónicos personalizados y relevantes en momentos clave del ciclo de compra.
- **Newsletters**: Mantener a tu audiencia informada sobre las novedades de tu empresa, productos y servicios.

SEO y SEM

- **Optimización de Palabras Clave**: Utilizar palabras clave relevantes para tu industria y audiencia B2B.
- **Contenido Educativo**: Crear contenido que responda a las preguntas y problemas de tu audiencia.
- **Publicidad Dirigida**: Utilizar Google Ads y LinkedIn Ads para llegar a decisores clave en las empresas.

Redes Sociales Profesionales

- **LinkedIn**: Utilizar LinkedIn para conectar con profesionales de la industria, compartir contenido valioso y participar en grupos relevantes.
- **Twitter**: Utilizar Twitter para compartir noticias de la industria, interactuar con líderes de opinión y promover contenido.

Eventos y Ferias Comerciales

- **Participación en Eventos**: Asistir a eventos y ferias comerciales para conocer a clientes potenciales y establecer relaciones.

- **Organización de Webinars**: Organizar webinars y eventos virtuales para educar a tu audiencia y generar leads.

Generación de Leads y Nurturing

La generación de leads y el nurturing son componentes esenciales del marketing B2B. A continuación, se presentan algunas estrategias clave:

Generación de Leads

- **Contenido Gated**: Ofrecer contenido valioso, como ebooks, whitepapers y estudios de caso, a cambio de la información de contacto del visitante.
- **Landing Pages**: Crear landing pages optimizadas para convertir visitantes en leads.
- **Formularios de Contacto**: Utilizar formularios de contacto en tu sitio web para capturar información de leads interesados.

Lead Nurturing

- **Segmentación de Leads**: Clasificar los leads según su nivel de interés y etapa del ciclo de compra.
- **Automatización de Email**: Utilizar campañas de email automatizadas para nutrir leads a lo largo del ciclo de compra.
- **Contenido Personalizado**: Enviar contenido relevante y personalizado basado en las necesidades y comportamientos del lead.
- **Seguimiento Proactivo**: Realizar seguimiento regular con los leads a través de llamadas y correos electrónicos personalizados.

Casos de Estudio

Caso de Estudio 1: HubSpot

Estrategia Utilizada: HubSpot utiliza una combinación de marketing de contenidos, email marketing y SEO para atraer y nutrir leads. Ofrecen una gran cantidad de recursos educativos, como blogs, ebooks y webinars, que ayudan a los leads a entender mejor el inbound marketing.

Resultados: HubSpot ha logrado convertirse en uno de los líderes en software de marketing y ventas, con una base de clientes global y una fuerte presencia en el mercado B2B.

Caso de Estudio 2: Salesforce

Estrategia Utilizada: Salesforce utiliza estudios de caso detallados y webinars para demostrar el valor de su plataforma CRM. También participan activamente en eventos y ferias comerciales para conectarse con clientes potenciales.

Resultados: Salesforce se ha consolidado como un líder en soluciones CRM, atrayendo a grandes empresas y aumentando su cuota de mercado en el sector B2B.

Caso de Estudio 3: LinkedIn

Estrategia Utilizada: LinkedIn utiliza su propia plataforma para promover sus soluciones de marketing B2B. A través de contenido valioso y campañas publicitarias dirigidas, LinkedIn ha logrado atraer a empresas que buscan mejorar su marketing digital.

Resultados: LinkedIn ha logrado una fuerte adopción de sus soluciones de marketing B2B, posicionándose como una herramienta esencial para profesionales del marketing.

Conclusión capítulo

El marketing B2B requiere un enfoque diferente al marketing B2C, con un énfasis en la educación, la construcción de relaciones y la demostración del valor. Al implementar estrategias efectivas como el marketing de contenidos, el email marketing, el SEO, y la participación en eventos, las empresas pueden atraer y nutrir leads de manera efectiva. Los casos de estudio presentados demuestran cómo las empresas líderes han utilizado estas estrategias para alcanzar el éxito en el marketing B2B. Al adoptar estas prácticas, las empresas pueden mejorar sus esfuerzos de marketing y lograr un crecimiento sostenible en el competitivo mercado B2B.

CAPÍTULO 22: MARKETING BASADO EN DATOS

El marketing basado en datos es una estrategia que utiliza el análisis de datos para tomar decisiones informadas y optimizar las campañas de marketing. Esta aproximación permite a las empresas comprender mejor a su audiencia, medir el rendimiento de sus esfuerzos de marketing y ajustar sus estrategias para mejorar los resultados. En este capítulo, exploraremos la importancia del análisis de datos en el marketing, las herramientas y técnicas para el análisis de datos, la toma de decisiones basada en datos, y presentaremos casos de estudio y aplicaciones prácticas.

Importancia del Análisis de Datos en el Marketing

El análisis de datos es fundamental en el marketing moderno por varias razones:

Comprensión del Cliente

- **Segmentación de Audiencia**: Permite identificar

diferentes segmentos dentro de tu audiencia y personalizar los mensajes y ofertas para cada uno.

- **Comportamiento del Cliente**: Analiza cómo los clientes interactúan con tus productos, servicios y campañas de marketing.

Optimización de Campañas

- **Medición del Rendimiento**: Ayuda a medir el éxito de tus campañas en términos de ROI, tasa de conversión, CTR, etc.
- **Ajustes en Tiempo Real**: Permite realizar ajustes en tiempo real basados en datos actuales, mejorando la efectividad de las campañas.

Toma de Decisiones Informada

- **Predicción de Tendencias**: Utiliza datos históricos para predecir tendencias futuras y adaptar tus estrategias en consecuencia.
- **Identificación de Oportunidades**: Descubre nuevas oportunidades de mercado y áreas para mejorar.

Herramientas y Técnicas para el Análisis de Datos

Para implementar un enfoque de marketing basado en datos, es esencial utilizar las herramientas y técnicas adecuadas.

Herramientas de Análisis de Datos

1. **Google Analytics**: Una herramienta gratuita que proporciona información detallada sobre el tráfico del sitio web, el comportamiento del usuario y las conversiones.
2. **Tableau**: Una plataforma de visualización de datos que permite crear gráficos y dashboards interactivos.
3. **SEMrush**: Herramienta integral para el análisis de SEO, SEM y competencia.
4. **HubSpot**: Plataforma de CRM y marketing que ofrece

análisis detallados de campañas y comportamiento del cliente.

5. **Hootsuite Analytics**: Permite analizar el rendimiento en redes sociales y obtener insights sobre la audiencia.

Técnicas de Análisis de Datos

1. **Análisis Descriptivo**: Examina los datos históricos para entender qué ha ocurrido en el pasado.

2. **Análisis Predictivo**: Utiliza modelos estadísticos y algoritmos de machine learning para predecir futuros comportamientos y tendencias.

3. **Análisis Prescriptivo**: Proporciona recomendaciones sobre las acciones a tomar basadas en los resultados del análisis predictivo.

4. **Segmentación de Clientes**: Divide a los clientes en grupos homogéneos basados en características similares para personalizar las estrategias de marketing.

5. **Mapeo de la Jornada del Cliente**: Analiza el recorrido del cliente desde el primer contacto hasta la conversión para identificar puntos de mejora.

Toma de Decisiones Basada en Datos

La toma de decisiones basada en datos implica utilizar insights obtenidos del análisis de datos para guiar las estrategias de marketing y las decisiones empresariales.

Proceso de Toma de Decisiones

1. **Definición de Objetivos**: Establecer objetivos claros y medibles para guiar el análisis de datos.

2. **Recopilación de Datos**: Recoger datos relevantes de diversas fuentes, incluyendo sitios web, redes sociales, CRM y plataformas de marketing.

3. **Análisis de Datos**: Utilizar herramientas y técnicas para analizar los datos y obtener insights valiosos.

4. **Interpretación de Resultados**: Interpretar los

resultados del análisis para entender las tendencias y patrones.

5. **Implementación de Estrategias**: Desarrollar e implementar estrategias basadas en los insights obtenidos.

6. **Monitoreo y Ajuste**: Monitorear el rendimiento de las estrategias implementadas y hacer ajustes según sea necesario.

Beneficios de la Toma de Decisiones Basada en Datos

- **Precisión y Eficiencia**: Las decisiones informadas por datos son más precisas y eficientes, reduciendo el riesgo de error.
- **Mejor Rendimiento**: Permite optimizar las campañas de marketing para obtener un mejor rendimiento y un mayor ROI.
- **Innovación y Adaptabilidad**: Facilita la identificación de nuevas oportunidades y la adaptación a cambios en el mercado.

Casos de Estudio y Aplicaciones Prácticas

Caso de Estudio 1: Netflix

Estrategia Utilizada: Netflix utiliza análisis predictivo para recomendar contenido a sus usuarios. Analizan los datos de visualización de los usuarios para predecir qué tipo de contenido les gustará.

Resultados: Esta estrategia ha mejorado significativamente la retención de clientes y el engagement, haciendo que los usuarios pasen más tiempo en la plataforma.

Caso de Estudio 2: Amazon

Estrategia Utilizada: Amazon utiliza análisis de big data para personalizar la experiencia de compra de cada usuario. Analizan el historial de compras, las búsquedas y el comportamiento de navegación para recomendar productos.

Resultados: La personalización ha llevado a un aumento en las ventas y la satisfacción del cliente, consolidando a Amazon como líder en comercio electrónico.

Caso de Estudio 3: Coca-Cola

Estrategia Utilizada: Coca-Cola utiliza análisis de redes sociales para comprender las preferencias y opiniones de los consumidores. Analizan menciones y comentarios en redes sociales para guiar sus estrategias de marketing.

Resultados: Han podido ajustar sus campañas de marketing en tiempo real, mejorar la percepción de la marca y aumentar la lealtad del cliente.

Conclusión capítulo

El marketing basado en datos es esencial para el éxito en el entorno competitivo actual. Al comprender la importancia del análisis de datos, utilizar las herramientas y técnicas adecuadas, y basar las decisiones en datos, las empresas pueden optimizar sus estrategias de marketing y obtener mejores resultados. Los casos de estudio presentados demuestran cómo las empresas líderes están utilizando el marketing basado en datos para mejorar su rendimiento y alcanzar sus objetivos. Al adoptar estas prácticas, tu empresa puede beneficiarse de un enfoque más preciso y efectivo en el marketing digital.

CIERRE...

El marketing es una disciplina en constante evolución que requiere una combinación de estrategias bien fundamentadas, creatividad e innovación para ser eficaz. Desde el desarrollo de contenidos y la gestión de relaciones con los clientes hasta la implementación de campañas de influencers y la expansión internacional, cada aspecto del marketing juega un papel crucial en el éxito de una empresa. Este ebook ha cubierto una amplia gama de temas, proporcionando una guía detallada y práctica sobre cómo abordar cada área con técnicas avanzadas y estrategias probadas.

En un entorno empresarial cada vez más competitivo y globalizado, es esencial que las empresas adopten un enfoque integral y adaptable al marketing. La integración de tecnologías emergentes, la personalización de la experiencia del cliente, y la implementación de prácticas sostenibles son solo algunas de las formas en que las empresas pueden mantenerse a la vanguardia. Además, la medición continua y la optimización de las estrategias son clave para garantizar que los esfuerzos de marketing generen el máximo retorno de inversión.

A medida que el marketing continúa evolucionando, es crucial mantenerse informado sobre las últimas tendencias y mejores prácticas. Este ebook no solo proporciona una base sólida, sino que también ofrece recursos adicionales para ayudar a los profesionales del marketing a seguir aprendiendo y creciendo en su campo.

Resumen de Puntos Clave

1. **Marketing de Contenidos**: Crear contenido valioso, relevante y optimizado para SEO es fundamental para atraer y retener a la audiencia. Utilizar diferentes formatos de contenido y distribuirlo estratégicamente en múltiples plataformas puede maximizar su impacto.

2. **Automatización del Marketing**: La automatización del marketing puede mejorar la eficiencia operativa y permitir una personalización a gran escala. Herramientas como CRM y plataformas de automatización de marketing son esenciales para gestionar y analizar campañas de manera efectiva.

3. **Psicología del Consumidor**: Comprender los factores psicológicos que influyen en las decisiones de compra puede ayudar a diseñar estrategias de marketing más efectivas. La segmentación del mercado y la personalización del mensaje son clave para resonar con la audiencia.

4. **Marketing Internacional**: Expandirse a mercados internacionales requiere una adaptación cuidadosa de productos y mensajes. La investigación de mercados globales y la comprensión de las diferencias culturales y legales son fundamentales para el éxito.

5. **Marketing de Influencers**: Colaborar con influencers puede aumentar la visibilidad y el engagement de una marca. Es crucial seleccionar influencers alineados con los valores de la marca y medir continuamente el impacto de las campañas.

6. **Fidelización del Cliente**: La fidelización del cliente es esencial para el crecimiento sostenible. Estrategias como programas de recompensas, personalización de interacciones y análisis de métricas de fidelización pueden aumentar la retención y el valor de vida del cliente.

Consejos Finales

1. **Adopta una Mentalidad de Aprendizaje Continuo**: El marketing es un campo dinámico. Mantente actualizado sobre las últimas tendencias y tecnologías para seguir siendo competitivo.
2. **Invierte en Herramientas de Marketing**: Utiliza herramientas avanzadas de análisis, automatización y CRM para optimizar tus estrategias y mejorar la eficiencia operativa.
3. **Personaliza la Experiencia del Cliente**: La personalización puede mejorar significativamente la satisfacción y la lealtad del cliente. Utiliza datos y análisis para crear experiencias personalizadas en todos los puntos de contacto.
4. **Monitorea y Ajusta tus Estrategias**: Realiza análisis continuos de tus campañas de marketing y ajusta tus estrategias en función de los datos y el feedback recibido.
5. **Fomenta la Autenticidad**: La autenticidad es crucial para construir confianza y credibilidad. Asegúrate de que tus mensajes de marketing sean genuinos y reflejen los valores de tu marca.

Llamada a la Acción (CTA) para el Lector

¡Ahora es tu turno! Aplica las estrategias y técnicas que has aprendido en este ebook para llevar tus esfuerzos de marketing al siguiente nivel. No te quedes solo con la teoría, pon en práctica estos conocimientos y observa cómo tu negocio crece y prospera. Si necesitas más recursos o asistencia, no dudes en explorar los recursos adicionales y lecturas recomendadas que se incluyen a continuación. ¡Empieza hoy mismo a transformar tu enfoque de marketing y a alcanzar tus objetivos empresariales!

Recursos Adicionales

1. **Webinars y Seminarios Online**: Participa en webinars y seminarios para aprender de expertos en marketing y actualizarte sobre las últimas tendencias.
2. **Cursos Online**: Plataformas como Coursera, Udemy y LinkedIn Learning ofrecen cursos sobre diversos aspectos del marketing, desde SEO y automatización hasta psicología del consumidor y marketing internacional.
3. **Comunidades y Foros**: Únete a comunidades en línea y foros de marketing como Reddit, GrowthHackers y HubSpot Community para compartir experiencias y aprender de otros profesionales del marketing.

Lecturas Recomendadas

1. **"Influence: The Psychology of Persuasion" de Robert B. Cialdini**: Un libro esencial para entender los principios de la influencia y cómo aplicarlos en marketing.
2. **"Contagious: How to Build Word of Mouth in the Digital Age" de Jonah Berger**: Explora cómo crear contenido que se vuelva viral y genere conversación.
3. **"Marketing 4.0: Moving from Traditional to Digital" de Philip Kotler, Hermawan Kartajaya, y Iwan Setiawan**: Una guía completa sobre la evolución del marketing en la era digital.
4. **"This Is Marketing: You Can't Be Seen Until You Learn to See" de Seth Godin**: Ofrece una visión profunda sobre cómo ser efectivo en marketing mediante la creación de valor y conexión con la audiencia.

Herramientas y Recursos Útiles

1. **Google Analytics**: Para el análisis de tráfico y

comportamiento de los usuarios en tu sitio web.

2. **HubSpot**: Una plataforma completa de CRM y automatización de marketing.
3. **Hootsuite**: Para la gestión y análisis de redes sociales.
4. **SEMrush**: Herramienta de SEO y análisis de competencia.
5. **Mailchimp**: Plataforma de email marketing y automatización.
6. **Canva**: Para la creación de contenido visual atractivo.

Plantillas y Guías Prácticas

1. **Plantilla de Calendario Editorial**: Ayuda a planificar y organizar tus publicaciones de contenido.
2. **Guía de Estrategia de Contenidos**: Un documento detallado que incluye cómo crear, distribuir y medir el impacto de tu contenido.
3. **Plantilla de Buyer Persona**: Para definir y segmentar a tu audiencia objetivo.
4. **Guía de Optimización SEO**: Pasos detallados para optimizar tu sitio web y contenido para los motores de búsqueda.
5. **Plantilla de Plan de Marketing**: Un plan detallado que cubre todos los aspectos de tu estrategia de marketing, desde la investigación hasta la ejecución y el análisis.

www.ingramcontent.com/pod-product-compliance
Lightning Source LLC
Chambersburg PA
CBHW071827210526
45479CB00001B/34